「日本の歴史」
6
昭和篇

自衛の戦争だった「昭和の大戦」

渡部昇一

WAC

渡部昇一『日本の歴史』第6巻　昭和篇

自衛の戦争だった「昭和の大戦」

●目次

第1章　アメリカの対日憎悪

第2章 ファッショと社会主義の誕生

第3章　ソヴィエト社会主義と「右翼社会主義」

第4章　リーダーのいない「二重政府」の悲劇

第7章 「南京大虐殺」の幻影

第8章 日本外交「二つの大罪」

第9章 太平洋における攻防

装幀／神長文夫＋柏田幸子

第1章　アメリカの対日憎悪

アメリカこそ征服欲鮮明な国家

十九世紀のイギリスの代表的詩人の一人であるロバート・ブラウニングは、こう書いた。

時は春、
日は朝《あした》、
朝は七時、
片岡に露《つゆ》みちて、
揚雲雀《あげひばり》なのりいで、
蝸牛《かたつむり》枝に這《は》ひ、
神、そらに知ろしめす。
すべて世は事も無し。(上田敏《うえだびん》訳)

この詩「春の朝《あした》」は日露戦争以前のヨーロッパ人、あるいはアメリカの白人の気分を最もよく示したものではないかと思われる。この詩のごとく、彼らにとって、すべて世はこともなかった。ところが、ことが起こったのである。

もし日露戦争がなかったり、日露戦争で日本が勝ったりしなければ、白人にとって世はすべて平穏な日々であった。争いは、自分たち白人の間だけであったろう。ところが、あろうことか日本が勝ってしまった。

だがそれでも、繰り返すが、ロシアに勝利した国、それも極東の島国、日本とあえて争おうと考えるヨーロッパの国は、もうなかった。日本もまた、それで平穏なはずであった。

ところが太平洋の向こう側にいるアメリカだけは、この事態を容認できる立場になかった。かのシュペングラー（注1）の論理を適用すれば、アメリカこそが西欧のファウスト的精神、すなわち、無限空間に対する憧《あこが》れと、その征服欲を最も明瞭《めいりょう》な形で発揮した国家であった。

（注1）**オスヴァルト・シュペングラー**（一八八〇～一九三六）　ドイツの哲学者・歴史学者。非ヨーロッパ圏（米国、ソ連）の台頭を受け、ヨーロッパ中心史観・文明観を批判し

た著書『西洋の没落』は多方面に大きな影響を与えた。

シナ大陸切り取り競争に参加したアメリカ

日露戦争に勝利を収めた日本は、朝鮮半島に触手《しょくしゅ》を伸ばすロシアの意図を挫《くじ》くことができた。明治三十八年（一九〇五）九月五日、ポーツマス条約が調印され、ロシアは韓国や南満洲から手を引くことになった。

このポーツマス条約締結に当たって仲介者《ちゅうかいしゃ》となったのは、アメリカのセオドア・ルーズベルト大統領であったわけだが、日本がロシアに勝ったのを見たアメリカが考えたのは、「これはシナ大陸にアメリカの利権を得るチャンスだ」ということであった。

それまでのアメリカは、シナ大陸に対して興味はあっても、実際には列国がひしめくように進出しているため、十分割りこむことはできなかった。ところがここに来て、日露間の講和の仲介者になることができた。この機会を活《い》かしてシナ大陸の切り取り競争に参加したい、と彼らは考えた。ポーツマス条約が結ばれた年の秋に、アメリカの鉄道王エドワード・ヘンリー・ハリマンが来日したのは、その最初の試みであったと言えよう。

彼は、ニューヨークの株屋の店員から身を起こし、イリノイ・セントラル鉄道を買収し、さらにユダヤ系のクーン・ロウブ銀行の助けを得て、ユニオン・パシフィック鉄道を獲得、さらにはサザン・パシフィック鉄道をも手中に収めた男、つまりアメリカ中部以西の鉄道王であった。

そのハリマンが桂太郎《かつらたろう》首相や元老《げんろう》・井上馨《いのうえかおる》などに面会し、ポーツマス条約によって日本が経営することになった南満洲鉄道に資金を提供し、日米シンジケートを作りたいと申し入れたのである。

最初、ハリマンの提案を日本側は了承し、予備協定の覚書も交わされた。明治三十八年（一九〇五）十月十二日のことであった。桂も井上も、また財界を代表する渋沢栄一《しぶさわえいいち》も賛成したのは、一つには日露戦争を終えたばかりで、財政的に苦しい日本が独力で南満洲鉄道を維持するには負担が大きすぎるという判断があったからだとも言われる。

満洲の北にはまだロシア軍の勢力がいるのだから、それを日本一国で守るのは大変な負担である。日本の首脳部がアメリカの参加を許したのは、現実的な判断であった。

だが、これに徹底的に反対する人物が現れた。それはポーツマス条約をまとめて帰国し、この年の十月十五日に外務大臣に復職した小村寿太郎《こむらじゅたろう》である。自分に何の相談もなく、桂・ハリマン覚書が結ばれたことを知り、小村は激怒する。ただちに彼は桂や井上たちのもとに行き、「日本の将兵の血によって手に入れた満洲をアメリカに売り飛ばすようなことはできない」と猛烈な反対運動を始めたのである。

結局、一度結ばれた覚書を、日本政府が一方的に破棄するということになった。同明治三十八年十月二十三日のことである。ハリマン問題は、賛成から取消しまでわずか十日ばかりの間に起こった慌《あわただ》しい事件であったが、それが二十世紀前半の日米関係を左右することになるのだ。

新たなるフロンティアは太平洋の西にあり

もし、この合意がそのまま実行に移され、アメリカが満洲の利権争いに加わっていれば、その後の日米関係はどう変わっていたであろうか。

第二次世界大戦後は、戦前の日本はすべて悪で、アメリカはすべて善と見る風潮が流《は》行《や》っているが、そんなに簡単に割りきれるものではない。この当時のアメリカは、シナ大陸における植民地競争に自分も加わりたいと熱望していたのである。

それまでのアメリカは、あえてシナ大陸などに植民地を求める必要がなかった。何しろ、自国のなかでインディアンを駆逐《くちく》して白人の勢力を伸ばし、さらにメキシコから広大な領土（現在のニュー・メキシコ州やテキサス州など）を取り上げていたのだから、わざわざ他国に出かけて侵略せずともいいのだ。

ところが、それが十九世紀末になると大きく事情が変わる。一八九〇年、アメリカの国勢調査局は「フロンティアの消滅」を宣言する。つまり、アメリカの領土のどの土地も入植者で満ちたということである。

もはやアメリカ国内には、彼らの開拓欲を満たす土地はなくなった。アメリカという国は、開拓精神でできたような国である。つまり、コロンブス以来、西へ西へと太陽の沈む方角に進み続けることを「刷込み《インプリンティング》」されたような国であった。アメリカのフロンティア精神（開拓者精神）というのも、簡単に言えば「お日様とともに西へ西へと行こうとする刷込み」であり、向西侵略欲にすぎない。そんな国でフロンティア消失が宣言されたら国民の間に一種、虚脱状態のような感じが蔓延《まんえん》したのも当然のことである。

このような事態を打開するには、他国に領土を拡張するしかない。そこで彼らが見出したのは、ハワイ王国やシナ大陸であった。それまで「西へ西へ」と進んできた彼らにとって、太平洋の西方にあるハワイやシナの大地は「新たなるフロンティア」に見えた。

そして実際、一八九八年（明治三十一）にハワイを吸収、フィリピンのマニラを占領した。あとはシナ大陸への進出あるのみであった。

実際、ハリマン構想が破れたあとも、アメリカは日本に対してさまざまなアプローチをしかけている。たとえば、明治四十二年（一九〇九）に外交ルートを通じて、満洲鉄道を中立化せよと提案してきたのも、その一つである。中立化とは聞こえがいいが、結局は「ロシアと日本ばかりがうまい汁を吸うのは許せない」ということにほかならない。

これ以外にも、アメリカは清国に働きかけて何とか利権を得たいと運動をしていたが、それらはどれも失敗し、彼らのフラストレーションは募《つの》る一方であった。そして、その不満の矛先《ほこさき》は、太平洋を隔てて隣り合う日本に向けられることになった。

シナ移民との激突

そもそも、アメリカに移り住んだヨーロッパ人にとって幸いだったのは、アメリカの先住民はきわめて人口密度が低く、しかも多部族に分かれており、団結心の薄いインディアンたちであったことである。したがって、無限の空間を征服するという精神は何ら遮《さえぎ》られることなく、フロンティア・スピリットの赴《おもむ》くまま西へ西へと驀進《ばくしん》していったのである。

ところが、この驀進の途中でちょっと予想外なことが起こった。十九世紀の中頃、ゴールド・ラッシュが起こり、アメリカ大陸横断鉄道が建設されることになるが、そのときにチャイニーズ・クーリーズ（苦力《クーリー》＝下層低賃金労働者）と言われる奴隷的労働者――当時は契約移民という用語が用いられた――が、シナ大陸から西海岸に多数移民するという事態が起こったのである。

もちろん、鉄道建設には、それ以前からアメリカに入っていた黒人労働者を使うという選択肢もあった。しかし、鉄道施設建設のような労働に彼らはあまり適さなかったようであった。またアメリカ・インディアンは、その騎馬民族的気質のために奴隷的肉体労働を拒否したので、これもまた、大量に使うことができなかった。

そこで、大量かつ安価、しかも勤勉なシナ移民が使われることになった。当時のシナは阿片《あへん》戦争や長髪賊《ちょうはつぞく》（太平天国《たいへいてんごく》）の乱で混乱の極にあり、シナ大陸ではいくらでも人手を集められた。鉄道建設労働者の九割までがチャイニーズ・クーリーズであったという記録もある。

ところがここで、白人のアメリカ人が予想もしなかったことが起きた。彼ら鉄道建設の白人たちは、シナ人移民を黒人のように、一生奴隷のごとく見下しておける存在だと思っていたらしい。しかし、黒人奴隷とチャイニーズ・クーリーズとでは、背負う文化が違っていた。もっと正確にいえば、文化の成熟度が天と地ほども違っていたのである。チャイニーズ・クーリーズたちは、西部へ流れていった白人以上の知能と勤勉の習慣を総体として身につけており、さらにカネを貯めることと殖《ふ》やすことの喜びをちゃんと知っていた。彼らは低賃金で働きながらも貯金をし、それによって土地を買ったり、店を開いたり、ついには金鉱の採掘権《さいくつけん》まで買う成功者が出たりしたのである。それは白人をも凌《しの》ぐ勢いであった。

このようなシナ人たちの出現は、西へ西へと向かうことを使命と考えていた白人のアメリカ人のメンタリティ、さらにはアメリカの国体（constitution = 国家の体質）に反することだった。

シナ人殺しが始まった

十九世紀後半になっても、ヨーロッパ大陸からアメリカに大量の白人が渡って来ていた。その多くは、ヨーロッパのなかでも最も貧困と迫害に苦しんだ人たちであった。たとえば、東ヨーロッパでロシアのために住むところを奪われたポーランド人のような人々、あるいはイギリスに収奪しつくされたアイルランド人などである。

とくにアイルランドの場合は、十九世紀の中頃、人口九百万の島で二百五十万人も人口減になったと言われる大飢饉《だいききん》が起こった。この二百五十万人のうち約半数は餓死し、約半数は移民したのである。ほうほうの体《てい》で難民同然にアメリカへ渡って来た者の数は、百万を超えたと推定される。

もちろんこういった移民たちは、ようやく大西洋を渡っても東海岸に住むことはできない。すでに東海岸には二百数十年も前から白人が居住していたからである。それで彼らは、まさに憧れの未開の地、西部へと大平原を横切って進んでいった。

ところが、西海岸の近くへ行ってみると、すでにシナ人たちが相当の生活を営んでいた。その時の貧乏な白人たちの失望、落胆、怒りはいかばかりであったか。いまの言葉で言えば、フラストレーションである。

こうして、シナ人殺しやシナ人居住地区への襲撃が始まった。彼らのなかには、「十字軍」（注1）と称してシナ人排斥《はいせき》運動を始めたものもある。そのリーダーの多くは、アイルランド移民であった。

この運動を支配していたのは、シナ人の一つの村を皆殺しにすれば村全体の土地は自分のものになるという簡単な原理であり、かつてのインディアン虐殺《ぎゃくさつ》とまったく同じ論理であった。一例を挙げれば、ワイオミング州のあるシナ人の村では、白人によって十六人が殴り殺され、さらに五〜六十人以上が焼け跡から見つかったが、そのほか発掘できない死体が無数にあったとも言われている。

かくして、生き残ったシナ人もほとんど経済的基盤を喪失し、白人のカンにさわらない形でのみ生存する憐《あわ》れな存在に落ちてしまった。そして、このようなシナ人排斥運動はワシントンの連邦政府をも動かし、一九〇二年（明治三十五）にシナ人移民を完全に禁止する法律を生み出すところまで行ったのである。

大西洋に向かってはニューヨークに自由の女神を建て（一八八六年＝明治十九）、「悩める者よ来たれ」という一方、太平洋の門戸《もんこ》は完全に閉ざすというアメリカの方針、すなわち東から入ってくる白人は歓迎するが、西からの有色人種は許さないという態度が、この法律で明確になったのである。

（注1）**十字軍**　もともとは、聖地エルサレムをイスラム教徒から奪回するため、十一世

紀末から十三世紀にかけて八回にわたり行われた西欧キリスト教徒による遠征。結果的にイスラム文化との貿易拡大、都市や貨幣経済の発展など、中世封建社会崩壊のきっかけとなった。

法律による日本人排斥運動

そうした状況下で、シナ人移民に代わって太平洋を越えてやって来たのが、日本人の移民たちであった。しかもその多くは日清戦争の前後、つまりアメリカ人たちが開拓すべきフロンティアの消滅を認識した一八九〇年（明治二十三）頃から移住したのであるから、日本人に対する白人の敵意はさらに強烈なものがあった。

日本人移民はシナ人に劣らず勤勉で、総体として教育レベルも高かった。しかも、日露戦争に勝ったのであるから白人に負けるわけがない、といった信念が強かった。西海岸の良好な農地の多くが日本人移民の開拓、あるいは所有するところとなったのは当然の成り行きであった。

これに対する白人たちの怒りや嫉妬《しっと》は、まことに凄まじいものがあった。アイルランド人の「十字軍」の復活である。

しかし、シナ人移民のように日本人を殺すわけにはいかなかった。なぜならば、シナ人の場合は、満州族政府である清《しん》朝政府は元来、鎖国時代の徳川幕府のように国民の海外渡航を制限しており、許可なくして国を出たものは清国民にあらずという政策であり、また海外の移民には関心を示さなかった。だから、こういった〝棄民《きみん》〟であるシナ人をいくら殺しても、清国政府から文句がくるという心配はなかった。

しかし、日本人の場合はそうはいかない。日本人をシナ人のように虐殺すれば日本政府から強い抗議がきて、国際問題に発展するのは明らかであった。

しかも日本は太平洋に、日露戦争で大勝した連合艦隊という強大な艦隊を持っている。これに対して、当時のアメリカはまだ太平洋に艦隊を持っておらず、ことに西海岸のアメリカ人は心の底に日本の連合艦隊に対する恐怖心を持っていた。

したがって、彼らは法律を変えることで日本人に対抗しようとした。つまり、州ごとに次から次へと排日移民法を成立させて、日本人移民を締め出すという手段を採ったのである。現代のアメリカを見てもわかるとおり、この国は感情的とも言える法律を平気で作ってしまう「民主的風土」を持っている。

もちろん日本政府は、事態を解決すべく外交努力を重ね続けた。二十世紀の最初の四半世紀、日本の対米交渉のほとんどは日本人排斥問題に費《つい》やされたと言っても過言ではなかろう。

ところが、交渉は好転の兆しなく一歩後退、二歩後退、三歩後退と、後退し続けるばかりであった。ついには、明治四十一年（一九〇八）に「日米紳士協定」が成立し、日本移民をアメリカ合衆国には出さないというところまで日本政府は後退したのである。しかも、日本政府は約束を忠実に守った。なぜなら、すでに移住している日本人がさらなる差別を受けるのを心の底から恐れたからである。そして、日本からの移民は実質的に止まった。

「人種差別継続」を決めた国際連盟

しかし、そんな日本の態度もアメリカ人の心を長く和《やわ》らげる役には立たなかった。すでに日本移民は美田《びでん》を持ち、成功を収めていたからである。

いくら日本人移民が禁止されようとも、アメリカ人が日本人を憎み、日本人の土地を欲するという構造は変わらなかった。日本移民のマナー、とくに立ち小便の習慣が嫌われたなどと言うが、それは付随的《ふずいてき》理由であろう。

当時の白人がいかに土地を欲しがったかは、スタインベックの小説『怒りの葡萄《ぶどう》』を読まれるか、その映画（ジョン・フォード監督）をご覧になれば実感できる。

この小説は、アメリカ中南部で食い詰めた主人公たちが、耕《たがや》す土地と職を求めて西部に向かうという内容である。日本人の土地を奪うシーンこそないが、どんな苦難を受けようとも土地を求めてやまない彼らが、「約束の地」はすでに有色人種のものになっていることを知ったとき、それを取り上げたいという強い衝動に駆られたであろうことは容易に推察できる。

このような情勢が続いている時に第一次世界大戦（一九一四〜一八）が起こった。第一次世界大戦中は、日本人もアメリカ人も関心がヨーロッパに向かっていたため、アメリカにおける人種問題は休止状態になった。

この世界大戦が日米を含む連合軍側の勝利に終わった翌年の一九一九年（大正八）、国際連盟の結成が決まったのだが、その規約作成の場で日本の牧野伸顕《まきののぶあき》全権代表が画期的な提案を行なった。「連盟に参加している国家は、人間の皮膚の色によって差別を行なわない」という内容の条文を規約に盛り込もうというものであった。日本としては長いこと日系移民がアメリカで不当差別される問題に悩まされていたので、それを国際的レベルで改善したいと考えていたのである。

つまり、国家による人種差別は廃止すべきだと訴えたものであり、これは何十年も時代を先取りした優れた提案で、有識者の多くが日本に賛意を示した。しかも日本の提案は、各国の事情を斟酌《しんしゃく》して、人種差別の即時撤廃などを要求したものではない。

しかし、この提案は葬《ほうむ》り去られることになる。国際連盟に参加しているような国はみな植民地を持っているから、人種差別の撤廃などといったアイデアは危険思想なのだ。実際、アメリカやオーストラリアなどは、「白人を中心とする世界秩序を混乱させるための日本の陰謀《いんぼう》ではないか」という見方さえ持った。

パリ会議での委員会は多数決であったのに、この日本側の提案の時は賛成多数であったにもかかわらず、議長のアメリカ大統領ウィルソンが「かように重大な問題は全会一致にすべきだ」という主旨の発言をして否決した。国家間の人種的平等の主張は、民族自決主義など高邁《こうまい》に聞こえる主張をしていたアメリカの信心深い人道主義者とされた大統領（彼はプロテスタント）によって葬られたのである。ちなみに、彼は一九一九年（大正八）にノーベル平和賞を受賞している。

理性に訴えかけるという日本のアプローチは失敗したばかりか、かえって先進諸国の疑念を増す結果となった。それどころか、世界で最初にできた国際的な国家連合機関は、「人種差別は今後も続ける」という判決を下したも同然だったのである。

恐怖と憎悪が生んだアメリカの排日運動

しかも、新たなるフロンティアを求めてシナ進出を目論《もくろ》むアメリカにとって、日本は邪魔な存在になっていた。

シナ大陸にはヨーロッパ列国も進出しているわけだが、それらは同じ白人の国であるから、どうしても憎悪は日本にだけ向くことになる。汚い言葉を使えば、「あの黄色い猿さえいなければ」というのが、アメリカ人の率直な感覚であったであろう。人種的偏見が当然の時代である。自分たちが行きたいところに有色人種がすでにいたとなれば、それが怒りに変わるのは当然のことである。

これに加えて、日露戦争の勝利はアメリカ人の心に微妙な影を落とした。一言で言えば、恐怖感である。

日露戦争で日本がバルチック艦隊を沈めたとき、アメリカ人がまず感じたのは、「日本には恐るべき連合艦隊があるのに、我々はそれに対抗する艦隊を太平洋に持っていない」ということであった。アメリカの新聞で「日本軍襲来」という記事（もちろん誤報）が流れるようになったのが日露戦争以後なのは、こうした事情を抜きにしては説明できない。

たとえば日露戦争の翌年には、すでに「日本軍がハワイに上陸した」とか「日本がメキシコと同盟を結んだ」「日本がアメリカに最後通牒《さいごつうちょう》を送った」というニュースが流されている。いまから考えると、そんなニュースが大真面目に報道されたとは信じ難《がた》い話だが、そうした〝与太話《よたばなし》〟を真《ま》に受ける人もいたほど、アメリカ人の日本に対する恐怖は募《つの》っていたのである。

日露戦争のあとのアメリカにおける対日警戒思想を最も雄弁に示したのが、ホーマー・リーが一九〇九年（明治四十二）に書いた『無知の勇 The Valor of Ignorance』（『日米戦争』というタイトルで明治四十四年に翻訳が出た）という本である。

リーは学生時代から戦術学や戦争史、特にナポレオンの研究をしていたが、清朝末期のシナ大陸に興味を持ち、北清事変（義和団《ぎわだん》の乱。一八九九）には北京救援軍にも参加した。そして一九〇九年（明治四十二）には清朝の「将軍」になり、康有為《こうゆうい》（注１）や孫文《そんぶん》（注２）の仲間になった。彼は同時に世界的ベストセラーの著者でもあった。特に『無知の勇』はアメリカ政府が第一版から第十版まで買い上げ、陸海軍人に配布して精読をすすめた。ドイツ皇帝ヴィルヘルム二世も十数万部買い上げて、陸海軍人に読ませたと言われる。

では、この本に何が書いてあるか。

重要なのは後編である。これは日露戦争後の日本は、ハワイ、フィリピンのみならず、アメリカ西海岸諸州を簡単に占領できることを軍事的に説いたもので、アメリカに上陸した場合の日本軍の展開予想の地図まで何枚もついている。フィリピンが征服される場合、日本軍はリンガエン湾に上陸することを予想しているが、これは大東亜戦争で本当にそうなった。

この本がアメリカにどんな影響を与えたかは想像に難くない。ちなみにリーのこの本は大東亜戦争開始の翌年、つまりマニラが日本軍に占領された年（昭和十七年＝一九四二）にも重版されている。

日本への怒りと恐怖――こうした感情がどんどん醸成《じようせい》されていった結果、生まれたのがアメリカ本土における排日運動であった。

アメリカにおける排日の歴史について主な事実だけを書けば、次のようになる。

一九〇六年　サンフランシスコ市教育委員会、日本人・コリア人学童の隔離《かくり》教育を決定。
一九〇七年　サンフランシスコで反日暴動。
一九〇八年　日米紳士協定（日本が移民を自粛するかわりに、排日的移民法を作らないことを米国が約束）。
一九一三年　カリフォルニア州で排日土地法成立。

このように西海岸を中心として、アメリカでは排日的な雰囲気がどんどん強まっていたわけだが、これに対して日本の国論はどうであったかと言えば、まったく反米的な言論はなかったと言ってもいい。また、日本政府にしても、こうした排日の動きはアメリカ人の理性に訴えかければ何とか解決できると思っていた。だが、排日運動の根本には日本に対する恐怖と憎悪があるのだから、いくら理性で説得してもどうなるものではないのである。

日本がいかにアメリカや白人諸国の理性に期待していたかは、前述したように、国際連盟において「人種差別撤廃条項」を提案したことでもよく分かる。これが否決されたということは、日本に対して「日露戦争の勝利者であっても先進国の仲間に入ることは許されない」と宣言したも同然であった。

（注1）**康有為**（一八五八～一九二七）　清末期の思想家・政治家。日清戦争の敗戦を受け、光緒帝《こうしょてい》の下で徹底的な政治改革をめざしたが、西太后《せいたいごう》らの反撃で失脚し、日本に亡命。辛亥《しんがい》革命後は孫文らの革命派と対立し、清朝回復・儒教振興をはかった。

（注2）**孫文**（一八六六～一九二五）　中国革命の指導者。清朝打倒のため興中会《こうちゅうかい》を組織し、また東京で中国革命同盟会を結成して「三民主義」をその綱領とした。辛亥革命で臨時大総統に就任後、まもなく政権を譲り、中国国民党を創設して革命の完遂《かんすい》をめざしたが、志半ばにして病死。

日系人に対するアメリカの暴挙

「人種差別撤廃条項」の否決は、日本にとってそれほどの実害はなかったが、アメリカにおける排日運動を勢いづかせることになった。

まず、その翌年の一九二〇年（大正九）十一月、カリフォルニア州でさらに悪質な「排日土地法」が作られた。この七年前に、すでに同州は日本人移民の土地所有を禁ずる法律を作っているのだが、今度は日本人移民の子供まで土地所有を禁じられることになったのである。

本来、アメリカの憲法では、アメリカで生まれた子供はすべてアメリカ国籍を持つとされている。したがって、日本人の移民の子供もアメリカ人であるのに土地所有ができないというのだから、目茶苦茶な法律である。

日本人の移民たちは、白人が見放したような土地をも素晴らしい農地に変えていった。しかし、いまや日系人は地主になる喜びを奪われた。八〇パーセントの移民は帰国したという。これは今日でも、アメリカの日系市民の勢力がチャイナ系やコリア系のそれに及ばない印象を与えている一因である。これこそ、日本人の土地を欲しがっていた白人の強欲《ごうよく》が望んでいたことであった。

それに追い撃ちをかけるように、一九二二年（大正十一）、アメリカ最高裁は「白人と、アメリカ土着人およびアフリカ人の子孫」だけがアメリカに帰化でき、「黄色人種（すなわち日本人）は帰化不能外国人であり、帰化権はない」という判決を出した。この判決は恐るべきことに、すでに帰化申請をして許可され、アメリカ市民として過ごしている日本人の権利までを剝奪《はくだつ》できるとした。この結果、第一次世界大戦でアメリカ兵として従軍した日本人移民まで、帰化権を剝奪されたのである。

そして翌一九二三年（大正十二）には、移民に関する憲法修正案が上院に提出された。その内容とは、すなわち日本移民の子供にも絶対、アメリカ国籍を与えないということであった。

それまでの憲法上の規定は、アメリカで生まれた者には無条件でアメリカ国籍を与えるということになっていた。いわゆる国籍の属地主義であるが、今回の修正条項はこれを覆《くつがえ》し、しかも過去に遡《さかのぼ》ってまで適用するという空前絶後の暴論であった。

すでにカリフォルニアなどの州法によって、日本移民（一世）がアメリカの土地を取得する途は塞《ふさ》がれていたので、移民たちはアメリカ市民である子供たちの名義で土地を買っていた。今回の憲法修正案は、その抜け道すらも閉ざしてしまおうというものであるから、アメリカ人の排日感情がいかに激しかったかが分かる。

これはたとえば、現代の日本で、在日コリア人や、立派に日本国籍を持っているその子孫たちに対して、土地の所有を禁じ、現在持っている土地もただちに売って手放すようにという憲法修正案が議会に上程されたに等しい。

それと同じことが、一九二三年のアメリカで起こったのである。日本がアメリカに何か悪いことをしたというのであろうか。

「この大戦の遠因はアメリカ移民の問題にある」

こうした反日的動きの総決算という形で生まれたのが、一九二四年（大正十三）五月に成立した、いわゆる「絶対的排日移民法」である。これは、それまでの排日法が州法であったのと違い、連邦法であった。つまりアメリカは、国家全体として日本人移民を排斥することにしたのだ。この「帰化（国籍取得）に不適格なる外人」(alien ineligible to citizenship) に関する移民法にクーリッジ大統領は署名した。これが、「帰化不能外国人移民法」とか「絶対的排日移民法」と言われるものである。

これによって紳士協定は一方的に破棄され、日本移民は実質上禁止されたことになる（さすがに、先のアメリカ国籍に対する排日的憲法修正案は通らなかったようである）。日系人の地位は、一八八二年（明治十五）以来のシナ人と似たものになってしまった。日露戦争に勝っても、黄色人種の日本人は、アイルランド人に比べても下等人種と見なされたのである。日本はアイルランドを支配しているイギリスと対等の同盟国なのに、アメリカでは劣等民族扱いだった。

それまで、日本人の大部分は親米的であった。しかしこれ以後、日本における対米感情は反米に変わってしまうのだが、それは当然の成り行きであり、アメリカ大使館の前で切腹する人も出た。

この法律が生まれたことは日本のみならず、アメリカにとってもきわめて不幸なことであった。というのは、日本政府自体はアメリカと協調外交を継続しようという意思を持ち続けていたにもかかわらず、この法律以後は世論が許さなくなったからである。「なぜアメリカの言うことを聞いて妥協ばかりするのか」と議会で言い出されれば、いかなる政治家、いかなる外交官でも答弁に窮《きゅう》する。

移民問題が険悪化した大正八年（一九一九）以来、大正十一年（一九二二）末まで、日本の駐米大使は幣原喜重郎《しではらきじゅうろう》（敗戦後、首相になる）であった。彼は問題の大正十三年（一九二四）に加藤高明《かとうたかあき》内閣の外相に就任し、以後、第一次若槻礼次郎《わかつきれいじろう》内閣の昭和二年（一九二七）まで外相を務めて、模範的な対米・対国際協調外交を推進していたが、それもアメリカの人種的偏見の前には効き目がなかったのである。

のちに昭和天皇になられる皇太子・裕仁《ひろひと》親王は、大正十年（一九二一）の十一月に大正天皇御不例《ごふれい》のため摂政《せっしょう》になられた。そのわずか三年後に、このように平手打ちのような仕打ちをアメリカから受けたことは、強く記憶に刻み込まれたに違いない。戦後に昭和天皇が言われたことのなかに、「この大戦の遠因はアメリカ移民の問題であり、近因は石油が禁輸されたことである」という主旨の部分がある。まことに正鵠《せいこく》を射た御観察だったと思う。

対米感情を一変させた排日移民法

言うまでもないが、近代法治《ほうち》国家の大原則は、「事後法で人を裁かない」ということである。つまり、あとから自分たちに都合のいい法律や判例を作っておいて、それで他人を狙い撃ちするようなことをしてはならないというわけだが、アメリカ人たちは近代法の精神を踏みにじってでも、日本人を排斥したかったのである。

一七九〇年（徳川幕府第十一代将軍・家斉《いえなり》の寛政二年）の帰化法は、主として欧州からの白人移民のためのものであったが、奴隷解放後はアフリカ人にも適用された。ところが一八八二年（明治十五）、シナ人の帰化を認めない法律を作り、それを日本人にも及ぼすことになったのである。彼らの日本人に対する憎悪たるや、いま考えても身震《みぶる》いがするほどである。

それまで日本はアメリカに協調しなかったことはなく、すべて国際的にもうまくやっていたのである。アメリカに対する不義理はなかった。一方的にアメリカが日本を敵視したのである。

この絶対的排日移民法の成立が、日本の対米感情を一変させた。すでにアメリカの排日運動は二十年近く続いていたのだが、前に述べたように、日本人の心にはどこかアメリカに対する期待や信頼があって、この法律制定までは反米的な主張は少なかった。それがこれ以来、アメリカに対する感情はまったく逆転するのである。

たとえば、三宅雪嶺《みやけせつれい》（注1）は「日本人はヨーロッパよりもアメリカに学ぶべきだ」と繰り返し主張していたほどアメリカに好感を持っていたが、そのような人でさえ、この排日法を見て「アメリカは利害次第で何をやるか分からない国だ」と思うようになった。

また、財界の長老である渋沢栄一《しぶさわえいいち》は、

「アメリカは正義の国、人道を重んじる国であると、年来信じていた。カリフォルニアで排日運動が起こったときも、それは誤解に基づくものだと思ったから、自分なりに日米親善に尽力したつもりである。ところが、アメリカ人は絶対的排日法を作った。これを見て、私は何もかも嫌になった。今まで日米親善に尽力したのは、何だったのか。『神も仏もないのか』という気分になってしまった」

というようなことを述べている。

そして「こんなことなら、若い頃の攘夷《じょうい》論者だった自分のままでいたほうがよかったくらいだ」という極端な内容のことを口走っているほどだ。

渋沢栄一という人は、温厚円満な人格で知られた財界の大御所《おおごしょ》である。そのような人物でさえ、アメリカの排日移民法の成立を見てショックを受けたというのであるから、ほかは推して知るべしであろう。言うなれば、このとき感じた日本人の〝怨念《おんねん》〟が、そのまま日米開戦に繋《つな》がると言っても過言ではない。

戦後に出版されたさまざまな回顧録などを読むと、「日米開戦を知って、『これは大変なことになった』と思った」ということがよく書いてある。読者も、そうした記述を読まれた記憶があるだろう。

もちろん、これは嘘ではない。だがその一方で、当時の日本人の多くが「これでスカッとした」という感情を抱いたことを言わねば、真実を語ったことにならないのである。

開戦当時の新聞を調べてみれば、それはすぐに分かる。このとき、大新聞の紙面を埋めたのは「これで長年のモヤモヤが晴れたような気分です」というコメントばかりだっ

いる。

こうした感情は当時、少年だった私も同じだったたし、シナ事変反対派の岩波茂雄（岩波書店創業者）も日米開戦を歓迎し、長与善郎《ながよよしろう》という白樺派《しらかばは》の作家も「痛快」と言っていたのだ。

なぜ日米開戦を知って、多くの日本人がそのような感情を抱いたかと言えば、その淵《えん》源《げん》は大正十三年の「絶対的排日移民法」にあると言っても過言ではないであろう。

だが、このことは現在の親日、知日アメリカ人でも理解していない人が多いようである。たしか平成六年のこと、ある小さな研究会で、日本研究で有名なアメリカ人の話を聞いた。その時の質疑応答の間に、この移民の問題が出た。

すると、日本についての権威であるそのアメリカ人学者は、「移民を入れるか入れないかは各国の自由である。現在の日本でも入れていないではないか」と言い、同席した知日アメリカ人も同意した。私が「日本人移民を一人も入れない法律を作っていた頃、ヨーロッパからは毎年何十万人もの移民を入れていたのだから人種差別ではないか」と指摘したら彼らは沈黙し、二度と移民問題を口にしなかった。

（注1）**三宅雪嶺**（一八六〇～一九四五）思想家。政教社《せいきょうしゃ》を創立して、雑誌『日本人』を創刊し、政府の欧化主義と藩閥《はんばつ》政治を批判した。以後、雑誌『日本及日本人』などでアジア的視点からの言論を展開。また、多数の社会時評・人生論を発表した。

日本を追いつめた脅迫的「ハル・ノート」

アメリカという国に対するイメージは、昭和の前期と後期では一八〇度違う。

戦前の日本人にとってのアメリカとは、「日本人を侮辱する人種差別の国」であり、言ってみれば少し前の南アフリカ共和国のようなイメージであった。

しかもアメリカは、日英同盟を解消させ（これについては後述する）、さらには日米開戦前、ABCD包囲陣を作って日本を経済封鎖し、鉄鉱石一つ、石油一滴入れないようにした（Aはアメリカ、Bはイギリス＝ブリテン、Cはシナ＝チャイナ、Dはインドネシアを植民地にしていたオランダ＝ダッチ）。言うまでもないが、石油や鉄がなければ二十世紀の国家は存続しない。それをまったく封じてしまおうというのだから、これは日本に「死ね」と言っているに等しい。

実際、これによって日本は瀕死《ひんし》の状態に陥《おちい》った。最初、海軍は対米戦争をやる気がなかったが、禁輪によって石油の備蓄を食い潰《つぶ》すしかないという昭和十六年（一九四一）になって、初めて開戦を決断する。海軍大将、山本五十六《やまもといそろく》のような人でさえ、海軍次官の頃には「海水から重油が採れる」という詐欺師《さぎし》に騙されたほど、石油問題では悩まされていたのである。

さらにアメリカは日本に追い撃ちをかけるように、「ハル・ノート」を突きつけてきた。これはそれまでの日米交渉のプロセスを一切無視し、日本政府が呑《の》めるわけがない要求ばかりを書き連《つら》ねてきたものであって、実質的な最後通牒と言ってもいい。事実、アメリカの首脳の間では、そういう認識があった。

実際、のちに東京裁判のパル裁判官（注1）はアメリカの現代史家ノックを引用して、ハル・ノートのような覚書を突きつけられたら、「モナコ王国やルクセンブルク大公国のような小国でも、アメリカに対して矛《ほこ》を取って立ち上がったであろう」と言っているが、まさにそのとおりである。

ハル・ノートと言われるが、本当はハル国務長官の案ではなく、財務省高官であったハリー・ホワイトが起草し、ルーズベルト大統領が「これで行け」と言ったものであることが戦後、明らかになった。野村・ハル会談の流れにない案が突然出てきたのは、この理由からである。

ホワイトは戦後も要職にあったが、その後、スパイ容疑が出て自殺した。ハル・ノートは、ソ連の指導者スターリンの意向を受けて日本を対米戦争に追い込むための条件が書かれた文書と理解してよいであろう。ルーズベルトの周囲には当時、数百人のコミンテルン（注2）協力者がいたと言われるが、これもその一例と言える。

人間関係でも同じことだが、たとえ相手に非があったとしても、あまり追い詰めるのはよくない。追い詰められれば、どんなにおとなしい犬であろうとも、牙《きば》を剥《む》きだして反撃してくるではないか。

たとえば、一人の子供を同級生たちがよってたかって毎日のようにいじめるということは、最近の中学・高校ではよく起きているそうである。いじめる同級生たちにとってみれば、その子をいじめたくなるような理由があるのかもしれない。

だが、このいじめられた子供が思いあまって、いじめっ子たちにナイフを振りかざしたとする。それを見て、普通の大人なら、いじめた子供と反撃した子供のどちらに同情するであろうか。「何もそこまでいじめることはなかっただろう」と考えるのが常識的な感想ではないか。

ところが、アメリカはシナ大陸に利権を求めたいがために、日本をいじめすぎた。排日移民法を作り、のちには石油を止めることもやった。また、真珠湾には大艦隊を集結させた。しかも、近代国家として日本が存在できないような経済封鎖を行なった。不戦条約（ケロッグ・ブリアン条約。一九二八年＝昭和三）を提唱したアメリカの国務長官ケロッグも、アメリカ議会における答弁のなかで「侵略戦争とは国境を越えて攻め入るようなことだけでなく、重大な経済的脅威を与えることも侵略戦争と見なされる」という主旨のことを言っている。このケロッグの定義によれば、石油禁輸などは日本に対する侵略戦争開始と言える。

これは息が止まる寸前まで首を絞《し》め、かつナイフをちらつかせて脅したのとまったく同じことではないか。

それは、いじめられた日本にも「ああしたほうがよかった。こうしなければよかった」と、いまにして思えばもっとうまくやる方法があったかもしれない。しかしそれにしても、これは過剰な日本叩《たた》きである。日本がナイフを持ち出したのも無理からぬところがあった。

（注１）**ラダ・ビノード・パル**（一八八六〜一九六七）　インドの法学者・裁判官。東京裁判（極東国際軍事裁判）の判事十一人のなかで唯一、被告人全員の無罪を主張する意見書を提出した。

（注２）**コミンテルン**　一九一九年、レーニン率いるロシア（のちソ連）共産党を中心に、モスクワに創設された国際共産主義運動の指導組織。世界革命をめざしたが、一九四三年、ソ連の政策転換によって解散。第三インターナショナル。

マッカーサーも認めた「自衛戦争」

このポイントを忘れては、戦前の日本がなぜあのような無謀ともみえる戦争に突入したかは、絶対に理解できない。戦争は独《ひと》りで起こせるものではないのだ。

日本の指導者が愚劣で闇雲《やみくも》に大戦を始めたというのは、東京裁判史観である。『東京裁判却下・未提出辯《べん》護《ご》側資料』全八巻（国書刊行会、平成七年）を見れば、日本の首脳が日米開戦を避けようと懸命の努力をしていたことに疑う余地はない。

また、東京裁判における東條英機《とうじょうひでき》（元総理大臣・陸軍大将）被告の『宣誓口述書』を見ても、日本の行為は常に「受け身」であったことを詳述している。「相手がこうしたから、こう対応せざるを得なかった」というのが東條被告の主張であった。この主張は東京裁判では承認されず、彼は死刑になった。

しかし、この二年半後の昭和二十六年（一九五一）五月三日には、東京裁判をやらせた当人、つまり東京裁判の法源《ほうげん》とも言える米マッカーサー元帥《げんすい》は、アメリカ上院の軍事外交合同委員会という最も権威ある公式の場で次のような証言をしているのである。

「日本には蚕《かいこ》（絹産業）以外には固有の産物はほとんどない。綿がない、羊毛がない、石油がない、錫《すず》がない、ゴムがない。その他、実に多くの原料が欠如しているのに、それら一切のものはアジアの海域には存在していた。もしこれらの原料の供給を切られると、一千万から一千二百万の失業者が発生することを日本人は怖れていた。したがって彼らが戦争に突入したのは、主として自衛のため、やむをえなかったことだった」

この見方は、東條被告の宣誓口述書の主旨と完全に一致している。この前の戦争については、「東條・マッカーサー史観」が敵味方ともに認める史観なのである。

日英同盟を敵視したアメリカ

アメリカは明らかに日本を仮想敵国として動き始め、日本と将来、太平洋で戦うことを明確に頭に描いた政策を進め始めていた（当時の日本も、海軍はアメリカを一応は仮想敵国としていたが、日本側にアメリカ攻撃の意図も準備もまったくなかったことは証明できる）。そして、これがのちの日米間の戦争に直結してゆくのである。

その第一の表れが、大正十年（一九二一）に開かれたワシントン会議であった。ワシントン会議は、アメリカ、日本、イギリスなど九カ国が集まった第一次世界大戦後初の国際軍縮会議である。主な議題といえば、まず海軍の軍縮に関する問題だった。世界大戦によって膨《ふく》らんだ海軍の規模を制限しようというものであり、日本としても軍事予算の増大は困ることであったので、日本の海軍首脳も政府首脳も基本的に賛成していた。

しかし、それよりも重要なことは、それと同時にアメリカの圧力によって日露戦争の前、明治三十五年（一九〇二）に締結された日英同盟が廃止されたことであった。

日英同盟の廃止が、当事者の希望に反するものであったのは言うまでもない。日本にとって日英同盟は、アングロ・サクソン支配体制の世界では、何かにつけて好都合の同盟であった。とくに、第一次世界大戦後の五大国（英・米・仏・伊・日）のなかで日本だけが有色人種国家であるので、もし日英同盟が廃止されるならば、諸外国はいっそう露骨な排日感情を噴出させる怖れがあった。事実、日英同盟廃止後三年目に、アメリカで前述の絶対的排日移民法が成立している。

また、日英同盟は日露戦争の勝因の一つでもあったから——ロシアの南下を牽制《けんせい》する目的でイギリスが日本に協力的であったので、日本は有利な立場に立てた——、日英同盟を日本は官民挙げて支持していた。

また、イギリスも日英同盟によって十分に恩恵を受けていた。この同盟があるために、イギリスは極東に強大な武力を置くことなしにロシアの南下を抑え、極東貿易の利益を満喫できた。

ところが、この同盟はアメリカにとって不都合だった。

日露戦争までは日本に好意的であったアメリカも、日露戦争以後は日本を仮想敵国として太平洋に着々と海軍を増強しつつあった。万一、日米両国が太平洋で争うことになれば、当然、日英同盟によってイギリスは日本の味方をせざるをえない。ということは、アメリカは大西洋のイギリス海軍にも目を配らねばならず、太平洋に海軍を集中することができなくなる。これは、アメリカとして絶対的に不利である。

そもそも日英同盟に対してアメリカは当初から不安を抱いていたらしいのだが、世界大戦後、日英同盟の元来の目的たるロシアとドイツの脅威が消滅したため、日英同盟の存続は、あたかもアメリカを目標とするかのごとき誤解が生まれた。アメリカのなかでこの同盟に対する敵視、あるいは嫉視《しっし》が大いに昂進《こうしん》してきた。とくに、大正十年（一九二一）七月に同盟の本条約更新について日英の話し合いが始まると、アメリカの世論は日英同盟への攻撃を増大させたのである。

アメリカとカナダは「同じ穴の狢《むじな》」だった

アメリカの日本仮想敵国視は本物であった。

アメリカとしては、何が何でも日英同盟を潰《つぶ》さなければならなかった。そして、日本の切なる願い、必死の抵抗にもかかわらず、日本とイギリスの同盟は廃止され、その代償として、何の役にも立たない日米英仏四カ国条約が締結されるにいたるのである。この会議の動きを心配した渋沢栄一は老体にもかかわらず、いわば桟敷《さじき》から日本を応援していたが、日英同盟の廃止を聞いて号泣《ごうきゅう》したという。日英同盟の廃止については、全権大使として出ていた幣原喜重郎の対応に遺憾《いかん》なところがあったとも言われるが、どっちみち廃止されたであろう。

イギリスは第一次世界大戦において、アメリカから多大なる恩恵を蒙《こうむ》っている。資金や物資を援助してもらっただけではなく、実際にドイツ軍との西部戦線にも参戦してもらった。イギリスはアメリカに負い目があった。

この点を衝《つ》かれると、日本は分《ぶ》が悪かった。

日本はイギリスの切なる要請によって第一次世界大戦に参戦し、海軍は太平洋および地中海まで出兵して協力し、陸軍はシナ大陸の青島《チンタオ》を中心とするドイツの植民地を占領している。しかし、ヨーロッパの戦場にまでは陸軍を送ることをしなかった。

もちろん当時の情勢を考えれば、南シナ海を南下してマラッカ海峡、インド洋、紅海、スエズ運河、地中海というコースを通って軍隊を送ることは、非現実的な要請であった。これについては当時のイギリス首脳も了解していたのだが、戦後、「アメリカは大軍を送って陸軍でも協力したのに日本は協力しなかったではないか」と言われれば、当然、日本の立場は不利にならざるをえない。

特に注目すべきは、イギリス帝国議会においてカナダ（当時は大英帝国の自治領）の代表が対米関係を考慮して、日英同盟の廃止をきわめて熱心に主張したことである。カナダは当時、日本移民の排除に熱心な国であったから、アメリカの排日政策に熱烈に共感していた。つまり、アメリカとカナダは「同じ穴の狢《むじな》」であったのだ。付言すれば、いまでは想像しにくいことだが、カナダの反日感情は日本の敗戦の時まで続いており、マッケンジー・キング首相は一九四五年（昭和二十）八月六日の日記に「原爆がヨーロッパの白人たちにではなく、日本人に使われることになってよかった」と記しているくらいである。

そこでイギリスもアメリカの圧力に同調するムードになったのだが、これはやむをえないことでもあった。

また第一次世界大戦中、軍事大国ロシアが革命によって崩壊し、アジアにおけるロシアの圧力が急激に低下したうえドイツ帝国がなくなったため、イギリスは日本の協力を以前ほど必要としなくなった、ということもある。

かくして日英同盟は廃止され、それをごまかすために日米英仏の間で四カ国条約が結ばれた。しかし、日本にとってはフランスは地理的・歴史的に遠すぎて、実際には同盟を組む意味がなく、また条文の内容も実効性のないものであった。

そもそも、軍事同盟というのは二カ国間のものでないかぎり、あまり意味がない。同盟国が増えるとそれぞれの条約国の責任が薄められ、まさかの時に役に立たなくなる。

いわば「連帯責任は無責任」(Everybody's business is nobody's business)で、多国間同盟というものは実質上、なきに等しい。これは歴史の教訓でもあるし、実際、この四カ国条約は何の役にも立たなかった。

シナの反日運動を利用したアメリカ

アメリカ人の日本敵視政策は、日英同盟という緩衝物《かんしょうぶつ》がなくなったことで、ますます露骨なものになっていった。まず日本を牽制するために、徹底的にシナを使おうと決心した。

当時のシナにはたくさんのプロテスタント系の牧師がおり、またパール・バック(注1)をはじめとして、アメリカには親シナ派の文化人が多かった。シナに来ているプロテスタント牧師は、自分の出身の教会に結びついている。その報告書、手紙の類は教会に来る信者たちに読まれるのが普通だ。彼らのシナからの便りの多くは反日的であったとされる。このため、アメリカの反日勢力はシナの反日運動を陰《かげ》に日向《ひなた》に援助し、またアメリカの大衆新聞は日本のシナにおける活動をセンセーショナルに報道した。

したがって、シナの反日運動は必ずアメリカの反日運動と結びつくという図式が生まれた。これは、日本にとっては対シナ問題イコール対米問題、対米問題イコール対シナ問題ということで、ただでさえ厄介な問題がますます複雑になるという危険な状況を意味した。

これが日露戦争以後、日本がまず直面した最大の暗雲の一つであった。

（注1）**パール・バック**（一八九二～一九七三）　アメリカの小説家。宣教師の一家に生まれ、生後三カ月から大学入学までシナで育つ。シナを舞台とした三部作『大地』『息子たち』『分裂せる家』を発表し、一九三八年にアメリカ人女性として初のノーベル文学賞を受賞した。

第2章　ファッショと社会主義の誕生

ホーリー・スムート法で始まった大恐慌

人種問題に次いで、日本が無益な戦争へと走らざるをえなくなった第二の原因は、アメリカにおける保護貿易主義の勃興《ぼっこう》であった。

一九二九年（昭和四）に、下院議員ホーリーと上院議員スムートが、いわゆるホーリー・スムート法案を連邦議会に提出した。ホーリーもスムートもともに実業家であり、それぞれコンツェルンと称してもいいほど多くの企業を私有していた。彼らは、自分の関連する企業の利益を大幅に上げるため、関税を高くすることを考えついた。つまり、競争相手となる外国製品をアメリカ市場から閉め出してしまおうというわけである。

こんな法律が通れば、世界の貿易は麻痺《まひ》してしまう。不景気は必然だ。ところが、ホーリー・スムート法の提出によって一九二九年にウォール・ストリート（注1）で株式大暴落が起こり、大不況になると、まさにその不景気を打開するために、アメリカ議会はこの法律を翌一九三〇年（昭和五）に成立させた。ホーリー・スムート法の目的はただ一つ。不況で苦しむ国内産業を保護するために、アメリカに輸出される一千品目について「万里の長城」と称されるほどの超高率の関税をかけるということであった。いわゆる関税障壁《かんぜいしょうへき》である。これはすなわち、アメリカが自由貿易を捨て、ブロック経済に入ったという証明にほかならない。

アメリカのような巨大な市場が万里の長城のごとき関税障壁を巡《めぐ》らせてドアを閉ざし、ブロック経済に入れば、世界貿易は崩壊する。現に、この法律が出現したのを見て、世界中の国が報復措置を採った。わずか一年半で二十五の国が、アメリカ製品に対する関税を引き上げたのである。

この結果、アメリカの貿易量は一年半後、半分以下に落ち込み、当然ながら「世界大不況」が起こった。つまり、不況を克服するために行なったことがさらに不況を深刻にし、長期化させることになったわけである。

一九二九年から三〇年にかけての世界の大恐慌《だいきょうこう》のスタートについては、高校の教科書にも出てくるし、よく知られているが、その引き金はもっぱら一九二九年の株式相場の崩壊だとされている。しかし、単にアメリカの証券市場の暴落だけで世界中を巻き込む長い大不況が起こるわけはない。むしろ、ホーリー・スムート法によってアメリカがブロック経済に入ったことのほうが真因で、この視点を抜きにしてあの大不況を論ずることはできない。実際、一九二九年のホーリーらの保護貿易法案が、神経過敏になっていた株式相場崩壊のきっかけを作ったと言うべきであろう。

ちなみに、私はホーリー・スムート法によって大不況が始まった昭和五年（一九三〇）の生まれだが、母はよく、「あの頃の不景気を思い出すと、いまでも夜中に目が覚めて冷や汗が出る」と言っていた。それほどの不況がアメリカのブロック経済化によって始まり、これが世界中を席巻《せっけん》したのである。

（注1）**ウォール・ストリート**　ウォール街。米国ニューヨーク・マンハッタンにある世界の金融・証券市場の中心地。大銀行、証券取引所、証券会社、商社が集中。アメリカ金融・証券市場の通称となっている。

ブロック経済が日本とドイツを戦争に追い込んだ

一九三二年（昭和七）、つまりホーリー・スムート法が生まれて二年後に、カナダのオタワに大英帝国のメンバーが集まって会議が開かれた。いわゆるオタワ会議であるが、正式には英帝国経済会議（Imperial Economic Conference）と称する。会議に参加したのは、イギリス本国、カナダ、アイルランド自由国、オーストラリア、ニュージーランド、インド、ニューファウンドランド、南アフリカ連邦、南ローデシアの九邦である。

この会議で決まったのは、世界不況を生き残るため、帝国外からの輸入を制限し、大英帝国内で自給自足体制に入ろうということであった。帝国のなかで商品や原材料を動かす場合には無関税か特恵関税《とっけいかんぜい》で、帝国外から来るものに関しては高率の関税をかけようというのだ。つまり、イギリスおよびその植民地もブロック経済を行なうことを決定したのだ。

当時の大英帝国と言えば、植民地を含めると世界の四分の一を占めるほどの規模である。イギリス本国や会議に参加した他の八邦に加え、香港、シンガポール、マレーシア、北ボルネオ（ブルネイ）、エジプトなどの植民地、またイギリスが支配権を持つ中近東の産油地帯がその影響下に入ることになる。現在のEU（欧州連合）を凌《しの》ぐほどの経済グループが、国際経済から離脱するというのだ。

このブロック経済圏におけるカナダ、オーストラリア、ニュージーランド、マレーシア、ビルマ、インド、アフリカの植民地からイギリス本国に送られる原材料は、すべて無関税あるいは特恵関税の扱いを受け、それ以外の国からの原材料には高率の関税を課し、逆にイギリス本国で作った工業製品は、植民地に特恵関税で輸出されるというわけである。

アメリカに続いてイギリス帝国までがブロック経済に入ってしまっては、それ以外の産業国家はたまらない。生き残るのが可能な国と言えば、ヨーロッパではフランスとオランダぐらいのものであった。

フランスはアフリカにも中近東にも植民地がある。東南アジアにもラオス、カンボジア、ベトナムなどを持っている。オランダも全インドネシアなどを所有しており、その経済基盤は何とか確保されていた。ソ連は全く別の体制であったが、自給自足《アウタルキー》のできる国であった。そのほか、自給自足が可能であった少数の国は我慢できた。

しかし、それこそ絶体絶命の窮地に立たされたのは、第一次世界大戦の敗北によってすべての植民地を失ったドイツである。

ドイツは第一次世界大戦後、非人道的といってもおかしくない額の賠償金(一千三百二十億マルク)を払い続けながらも、着実な復興を遂げていた。だが、ブロック経済によって貿易を封じられてはひとたまりもない。たちまち天文学的な数の失業者を出す状況に至った。そして、解決の道はなかった。

ここで現れたのがヒトラーである。彼はイギリスがブロック経済に入った二年後の一九三四年（昭和九）に政権を取ったわけだが、最初に宣言したのは賠償金支払いの放棄であった。また、彼はドイツ民族には生活圏《レーベンスラウム》が必要であると主張し、それを東に求めるという意図を露《あら》わにしたが、これは第一にルーマニアの油田のことを指していたことは明らかであった。

ヒトラーの政策が、ブロック経済に対抗するものであったのは明白である。そして、自給自足の可能な国家を建設するための戦争に備えて、彼は着実に手を打ち始めていた。

もちろん、日本に対する影響もまた深刻であった。

この当時の日本は、生糸《きいと》などを売って外貨を稼ぎ、そのカネで買った原材料で安い雑貨類を作って海外に輸出するということで成り立っている国である。日本は、その乏しい利益で近代工業を興し、近代的軍備をしていたのである。

それが、世界経済がブロック化してしまったら、どうなるか。製品の輸出も、資源の輸入もできないのであれば、国内産業は滅びるしかないし、近代国家としての自立の基礎である軍備も整えられないことになる。「イギリスやアメリカに対抗するためには、日本も自給自足圏を作るしかない」と考える日本人が出てくるのも当然の展開であった。

つまり、東アジアにおいて、日本を中心とする経済ブロックを作り、そのなかでお互いに貿易を行なうことでこの大不況を生き残ろうというのである。その考えは、やがて「日満ブロック政策」(日本と満洲〈中国東北部〉を一つの経済圏とする政策)となり、これが日本国民の広い層の支持を得ることになった。だが、アメリカやイギリスがブロック経済化する以前は、日満ブロックのような考え方を日本は支持していなかったのである。

ヨーロッパでも、ドイツやイタリアのような「持たざる国」では、英米のような「持てる国」の経済ブロック化に対抗して、国家社会主義化(ファッショ化)が国民の支持を得るようになった。一九三〇年代のファッショ化の引き金は、アメリカとイギリスが引いたのである。

第二次世界大戦はドイツや日本が始めたものだとされるが、本当はドイツや日本を戦争に追い込んだのは「持てる国」がブロック経済をやり出したためである。そのことを最もよく知っているのは、まさにアメリカやイギリスであった。

それで大戦の終結が見え出した一九四四年(昭和十九)七月、アメリカのニューハンプシャー州のブレトンウッズで戦後の世界経済を考える会議(the Bretton Woods Conference)を開き、自由貿易体制の世界を作る金融機関設置を決めたのである。つまりこの会議は、第二次世界大戦は自由貿易制度の破壊——その元凶はアメリカのホーリー・スムート法とイギリスのオタワ会議——であったことを、アメリカとイギリスが自白したことを示すものであったと言える。

浮上した「社会主義」経済思想

一方、この大不況が何年も何年も続くのを見て、経済学者や政治家たちが考えたのは、「自由経済体制というのは、やはり限界があるのではないか」ということであった。

大恐慌が始まる以前にも、社会主義や共産主義の思想はあったわけだが、一九一七年に成立したソ連を除いて、世界中の国々は「自由放任こそが経済の王道」と考えていた。ところが、一九二九年に起きたウォール街での株の暴落は、まさに自由な証券取引が生み出したものである。しかも、「経済の自律作用で、そのうちに大不況も終わるだろう」と思っていたのに、いつまで経っても景気は上向きにならない。

もちろん、景気が回復しない最大の原因はホーリー・スムート法に始まる保護貿易と自給自足体制にあるわけだが、当時の経済学はそこまで進歩していなかった。だから、多くの人は「もう自由放任の時代は終わったのだ」と即断することになったのである。

そこで浮かび上がったのが、政府による統制経済的なアイデアであった。つまり、中央政府が強権を発動させることで経済活動を振興するという「社会主義」である。しかも、ちょうど大不況の頃から始まったスターリンの五カ年計画の成功は、それを裏づけるかのように思われた。

成立当初のソ連は、経済的には破綻《はたん》寸前の状況であった。一九一七年の革命から数年後には餓死者が数百万人も出るようになり、人が人の死体を喰い、飢えた親が子供を生きながらヴォルガ川に放り込むというような悲惨な話が数えきれないほどあった。

ところが一九二九年(昭和四)、つまり大恐慌の年にスタートした第一次五カ年計画は、ソ連経済を復活せしめたかの感があった。とくに重工業に対して重点的な投資が行なわれ、統計上は驚くべき伸びを示した。

実際には、この五カ年計画はいろいろな弊害《へいがい》を生み出したから、長い目で見れば決して成功とは言い難《がた》い。しかし世界中が不況に苦しんでいるなか、ひとりソ連が活況を呈している姿は、「やはり自由放任はだめではないか」と思わせるに十分なインパクトがあった。

このような事情があったから、どこの国でも経済政策は自由主義から社会主義にシフトしていくことになった。アメリカで民主党出身のフランクリン・ルーズベルト大統領が一九三三年（昭和八）、「ニュー・ディール政策」を行なったのもその一例である。

これは社会福祉を導入する一方で、公共事業を行なうことによって景気を立て直そうという試みであった。いままでは経済の自助作用に任せていたが、これからは政府主導で経済を動かすというのだから、社会主義的な色彩が強い。

ディール（deal）は「政策」の意味に用いられるが、語源的にはドイツ語のタイレン（teilen）と同じく、その原義は「頒《わ》ける」ことである。目に見えるイメージとしては、トランプで「札を配ること」である。つまり、ニュー・ディールのイメージは、トランプの札の「配り直し」のように、チャンスや富を人々に再配分することにあったと言えよう。当時、ニュー・ディール政策を共産主義的と非難したアメリカ人が少なくなかったが、その印象はある程度正しかったと思われる。

ただ、このニュー・ディール政策は華々《はなばな》しく行なわれた割には、失業者を減らせなかった。アメリカが不況から完全に脱出するのは、第二次欧州大戦が始まってからのことである。戦時体制による特需で、初めてアメリカから失業者は消え、景気もよくなったのである。それなのに、ニュー・ディール政策の評判がいまだに悪くないのは、これは単にアメリカが他の国よりも経済的余力があったということにすぎない。

アメリカのように国土が広く、資源があれば、世界中がブロック化しても自給自足体制《アウタルキー》が可能である。だから、ニュー・ディール政策が成功しなくとも、日本のように「国家ごと滅ぶのではないか」ということまで考えずに済んだのである。

これに対して、経済政策の変更で大成功を収めたのはドイツであった。

もともとドイツは第一次世界大戦での敗北によって、大恐慌前からハンディキャップを抱えていた。戦争で領土も減ったうえに、一千三百二十億マルクという天文学的な賠償金を課せられていたのだから、すでに国家財政は緊迫している。そこに大不況が押し寄せてきたのだから、その悲惨さたるや言うまでもない。不況に加えて賠償金も払わねばならないというのだから、これは貧血の患者が献血を強いられているようなものである。

たちまち超インフレが起き、手押し車いっぱいに高額紙幣を積み込んでも、パン一斤《きん》を買うのがやっとということになった。倒産は続出し、失業者が町に溢《あふ》れた。ドイツの中産階級は壊滅《かいめつ》した。

こんな話がある。兄は勤倹貯蓄《きんけんちょちく》していたが、それが天文学的インフレで無に帰した。

一方、弟は酒飲みで、彼の庭にはビールの空《あ》き瓶《びん》がたくさん転がっている。ところが、そのビールの空き瓶の値段のほうが、兄の全預金の価値より遙かに大きかったというのである。ソ連崩壊後のロシアにおけるインフレなど、これに比べれば天国のようなものである。

このような経済的苦境を解決するといって現れたのが、ヒトラーのナチスであった。ナチスは、正式名称を「国家社会主義ドイツ労働者党」というとおり、まさに社会主義的政策をその大方針にしている。

双生児だったヒトラーとスターリン

ここで断っておくが、ドイツのナチスとソ連の共産党は第二次世界大戦において敵味方に分かれて戦ったけれども、結局は「一つ穴の狢《むじな》」である。いずれも国家が経済を完全にコントロールし、自由な経済活動を許さないという点ではまったく同じなのだ。

このことを明快に論証したのは、フォン・ハイエク教授である（『隷従への道《ロード・トゥ・サーフダム》』一九四四）。彼は戦後、サッチャー英首相やレーガン米大統領のメンター（指導教授）とも称され、ノーベル経済学賞も与えられている。

両者の違いは、ナチスがそれを「国家が主体になって行なう社会主義」と規定したのに対して、ソ連が「人民が主体になって行なう社会主義」と規定しただけの話である。だが実際には、ソ連において政治を動かしていたのは党であって、人民の意見など聞かなかったのはご承知のとおりである。本当は「党＝国家が主体になって行なう」わけで、結局はナチスと本質的に変わりはしないのだ。

ナチス・ドイツとソ連がヨーロッパにおいて争ったのは、決して両者が相反《あいはん》する存在だったからではない。それはまったく逆で、どちらも本質においては同じであったから、相手を憎悪《ぞうお》し、叩《たた》き潰《つぶ》そうと考えたのである。

傍観者《ぼうかんしゃ》から見れば同じように見えるのに当事者同士は犬猿《けんえん》の仲ということは、世の中にしばしば起こることだ。たとえば、日本の極左《きょくさ》集団の中核《ちゅうかく》派と革《かく》マル派は、どちらも日本で革命を起こそうとしているにもかかわらず、決して手を組むことができない。それればかりか、両者の間では陰惨《いんさん》な殺人さえも行なわれたではないか。

ナチスとソ連も、それと同じである。ナチスにはヒトラーがおり、当時のソ連にはスターリンがいる。二人は外見こそ違うけれども、社会主義者で独裁者ということに関しては双子《ふたご》の兄弟であった。この二人が独ソ国境を隔《へだ》てて向き合ったとき、戦争が起こらないわけはなかったのである。

社会主義的経済政策は覚醒剤のようなもの

さて、社会主義的な経済政策の特色は、「短期的に見ると大きな効果が上がる」という点にある。それも、経済状態が悪ければ悪いほど、劇的に効《き》くように見えるのである。というのも、社会主義では国家の富を政府がすべてコントロールし、それを集中して投資するのだから、自由経済のようなロスが生じない。だから一時的に見れば、奇跡のような効果が上がる。

実際、ナチスが登場してからのドイツは、驚異的な経済復興を成し遂げた。ヒトラーが総統に就任してからたった二年目の一九三六年（昭和十一）の三月には、ロカルノ条約を廃棄してライン非武装地帯に軍隊を進駐させ、その八月にベルリンで前代未聞《ぜんだいみもん》の規模のオリンピックが開催できたのは、その一例である。ドイツ全土に失業者はいなくなり、国民生活は向上した。

しかし社会主義の経済政策は、言ってみれば覚醒剤《かくせいざい》のようなものだ。覚醒剤の服用者は、最初のうちは体中に力が満《み》ち溢《あふ》れ、ぜんぜん寝なくてもいいような気持ちになるという。しかし、その活力は覚醒剤が与えたものではない。単に自分の肉体を燃やしてエネルギー源にしているだけにすぎないのである。だから、そのうち身体は痩《や》せ衰え、健康が失われてくる。

統制経済も同じである。当初は効果が上がるように見えるけれども、それはいままで蓄えていた富を国家権力が絞《しぼ》り出したものであって、その富を使いきってしまえば、あとはないのだ。

たとえばアメリカでは自動車産業が生まれ、日本ではエレクトロニクス産業が起こったけれども、これに対してソ連には自動車産業も電子産業も結局、生まれなかった。厖《ぼう》大《だい》な国富を注入し続けた結果、宇宙開発と武器開発は進んだが、国富自体は痩せ衰えた。ソ連は覚醒剤的政策を七十年間やり続け、病み衰えて解体したのである。

自由経済にはロスが多いかもしれないが、そこでは新しい産業が常に生まれ、富が常に生み出されていく。これは、統制経済では決して起こらないことなのである。

第3章　ソヴィエト社会主義と「右翼社会主義」

「天皇制廃止」に拒否反応を示した日本人

このようにして、一九三〇年代はじめ世界中に社会主義礼讃《らいさん》の風潮が生まれたとき、日本もその影響を受けないわけにはいかなかった。ただ日本の場合、他国と違ったのは、多くの国民が社会主義や共産主義に対して非常な恐怖心を抱いていたということにある。そのため、日本における社会主義の入り方は屈折したものになった。

それではなぜ、日本は社会主義や共産主義に恐怖を覚えたか。それは、共産主義者たちが「天皇制を廃止する」ということを唱《とな》えたからにほかならない。

アメリカから日本移民排斥《はいせき》運動や外交圧力を受けているちょうど同じ頃、日本はロシア革命の脅威を北から受けることになった。

日露戦争で日本はロシア軍に勝ったものの、極東からロシアを完全に駆逐《くちく》したとは言えなかったから、軍事的脅威は依然として重くのしかかっていた。

そのロシアがソ連になった。だが、日本をめぐる地理的状況が変わったわけではない。ロシア軍がより恐るべきソヴィエト軍になっただけのことである。

しかも一九二二年(大正十一)、モスクワおよびペテルスブルクで第四回コミンテルン総会が開かれた。コミンテルン、すなわち共産主義インターナショナルというのは、世界共産主義革命のためにソ連共産党を中心に結成された国際組織である。この大会は、世界各国の共産党が革命を起こすための方法論を決める会議だが、その場で世界中から君主制を廃止するという決議がなされ、各国の共産党にその指令が出された。このコミンテルン大会には日本共産党も参加していたから、当然ながら、日本共産党の方針も皇室の廃止ということになった。もちろん、会議は秘密裡《ひみつり》に行なわれたものであったが、日本の政府首脳にも各方面から情報が流れてきた。

君主制の廃止――これは、日本においては天皇・皇室をなくすということである。「天皇制の廃止」という共産党の表現は大変抽象《ちゆうしようてき》的な言い方であるが、当時の日本人にとって、この言葉は恐怖心を抱かせるに十分だったから、日本はこの決議に対して激烈な反応を示した。というのも、その五年前にソ連共産党がやった「君主制の廃止」なるものは、まことに残忍なものであったからだ。

ロシア革命によって、ロマノフ王朝のニコライ二世夫妻はじめ、王家の家族が皆殺しにされたばかりか、皇帝の馬まで殺されたという情報が伝わってもきた。また革命の余波で、一九二〇年（大正九）、アムール河口のニコライエフスク（日本名・尼港《にこう》。ハバロフスクの港湾都市）では、日本人居留民およそ七百人がパルチザン（革命ゲリラ）によって全員虐殺《ぎやくさつ》されるという事件（ニコライエフスク事件。尼港事件ともいう）まで起きたため、革命ソ連に対する恐怖はさらに大きくなっていた。

だから、日本共産党が「皇室の廃止」を唱えていると聞けば、誰もが「ロシア革命と同じことをやろうというのか」と思ったのは当然のことであるし、「共産主義は恐ろしいものだ」と思ったのも無理もない。

明治維新が世界史上、類を見ないほどの成功を収めたのは皇室があったからだということは、誰もが認めざるをえない事実である。

もし皇室がなければ、薩長土肥《さつちようとひ》（注1）がいかに軍事力を持っていたとしても、日本全体が新政府の下にまとまることはなかっただろう。おそらく、新政府は〝徳川ゲリラ〟というような勢力に悩まされていただろうし、またその混乱に乗じて西洋の列強が日本を植民地化していた可能性もすこぶる高い。ところが、実際には短時日《たんじじつ》の戊辰《ぼしん》戦争（注2）であっさり明治維新が成立したのは、やはり皇室というナショナリズムの中心があったからにほかならないのである。

このような経緯があって戦前の日本があったわけだから、当然ながら、皇室に対する国民の一体感はまことに強かった。戦後の民法改変により家督《かとく》相続制のなくなった現代とは違い、家族意識の強い時代である。「皇室は日本人すべての総本家」という感じを多くの国民は抱いていた。

そのような意識の国で「天皇制の廃止」をやれと命じたコミンテルンは、日本のことを何も分かっていなかったと言わざるをえない。ことに共産主義者が「被搾取階級《ひさくしゅ》」と呼んでいた労働者たちほど素直に皇室を敬愛していたのだから、完全に道を塞《ふさ》がれたも同然である。東北の貧農の家にも、天皇・皇后の写真などが飾ってあったものである。

戦前の武装共産党において書記長を務めた田中清玄《たなかせいげん》氏（注3）もその回顧談で、「当時の労働者農民大衆は、天皇制廃止というスローガンを、無批判に受け入れることはできなかったんです」（『田中清玄自伝』文藝春秋）

と語っているとおり、「天皇制廃止」を掲げたために、戦前の共産党はまったく組織の拡大ができなかった。このことは私自身、田中氏の口から直接に「皇室をなくすなどと言った途端《とたん》に、戦前の共産党は大衆の支持を完全に失い、実質上、消えたのです」という主旨の話を聞いたことがある。

事実、戦前の日本共産党員は、全部を合わせても数えるほどしかいなかったと言ってもいい。しかも新規に加入する人間はほとんどいないのに、警察に逮捕されて転向する人は多かったから、日米開戦の頃には完全消滅に近かった。

戦後、「軍国主義と戦った共産党」ということが盛んに言われるようになったので、戦前の共産党は立派なように思われているが、それは大きな間違いである。戦前の当局者にとって共産党は微々《びび》たる存在であって、当時の政治状況に対してほとんど何も影響がなかったと言っていい。

たとえば、特高《とっこう》（特別高等警察）というと、共産主義者を弾圧する機関というイメージがあるが、実際のところ、特高の主たる関心は社会主義的平等を最高善と信ずる極右《きょくう》の取り締まりにあり、共産主義者の非合法活動に対する取り締まりは年を追うほどに減っていった。そのことは、〝最後の内務大臣〟と言われた安倍源基《あべげんき》（注4）の大著『昭和動乱の真相』（原書房）に詳しい。

（注1）**薩長土肥**　明治維新を推進した薩摩《さつま》・長州・土佐・肥前（佐賀）各藩を指す。明治政府と軍隊の要職のほとんどは、この四藩の出身者で占められた。

（注2）**戊辰戦争**　慶応四年（一八六八）戊辰の年一月から翌年五月にかけて、維新政府軍

と旧幕府側との間で行なわれた内戦の総称。鳥羽《とば》・伏見《ふしみ》の戦い、上野における彰義隊《しょうぎたい》の抗戦、会津戦争、箱館戦争など、すべて政府軍が勝利して終結した。

（注3）**田中清玄**（一九〇六〜一九九三）　本名きよはる。日本共産党書記長から獄中で天皇主義者に転向。昭和十六年（一九四一）に出所後、禅僧・山本玄峰《やまもとげんぽう》に弟子入り。戦後は実業家として政財界に大きな影響力を持った。

（注4）**安倍源基**（一八九四〜一九八九）　昭和七年（一九三二）、初代特別高等警察部長となる。警視総監を経て、敗戦直前（昭和二十年四月）、鈴木貫太郎内閣で内務大臣（警察・治安・地方行政などを担当）に就任。

効果的だった治安維持法

話がだいぶ先に行き過ぎたが、「君主制の廃止」がコミンテルンで決議されたことに対応するため、政府は大正十四年（一九二五）、治安維持法《ちあんいじほう》を公布する。

この法律の主旨は、あくまでも共産主義イデオロギーが日本国内に入ってくることを防ぐことにあって、それ以外の労働運動や社会運動までも取り締まることは考えられていなかった。戦後は〝天下の悪法〟というイメージが定着したため、「治安維持法は民衆弾圧の道具」と思われがちだが、それは正確ではない。

それは、この治安維持法と同時期に公布された普通選挙法に基づき、昭和三年（一九二八）に最初の普通選挙が行なわれた際、社会民衆党、労働農民党、日本労農党といった無産政党が議席を獲得していることを見れば明らかであろう。また、労働運動に関しても、治安維持法が成立した直後の大正十五年（一九二六）に日本労働組合同盟が結成されているし、同時期には農民運動も盛んに行なわれていた。治安維持法ができたからといって、世間が直ちに真っ暗になったと思ってはならないのである。

治安維持法は最初は緩《ゆる》やかなもので、最高刑でも十年以下の懲役《ちょうえき》であった。だが、戦局の緊迫化とともに改正がなされ、刑の規定も厳しくなっていった。

昭和三年（一九二八）に第一回改正が勅令《ちょくれい》によってなされ、最高刑が死刑になったが、このとき悪名高き特高の事務当局ですら「思想犯に死刑は適《あ》わない」として承認の印判を押さなかった。そのため、司法省が中心になって改正をしたという経緯がある。またその後、昭和九年、十年、十一年と改正案が提出されたが、反対が多くて通らず、第二次近衛内閣の昭和十六年になって第二次改正がなされている。このときはシナ事変（日華事変）中とあって適用範囲も広く、厳しくなっている。

治安維持法によって多くの人が警察に疑われたり、逮捕・拘留《こうりゅう》されたりしたのは、動かしがたい事実である。私の近親にも治安維持法で捕まり、二年半にわたって拘留された人がいるが、この人の場合もまったくの冤罪《えんざい》であった。

ただ、日本に共産主義を入れないという点においては、治安維持法が大きな効果を上げたことは認めなければならないし、それは評価すべきだと思われる。なぜなら、ナチスの思想が人種差別とセットになっているように、共産主義イデオロギーは常に暴力とセットになっているからである。人種偏見のないナチズムが考えられないように、暴力や大量殺人のない共産主義などありえないのだ。

これは、共産革命が起きた国のことを考えてみれば直ちに理解できるであろう。ソ連ではロシア革命でロマノフ王朝一族が惨殺《ざんさつ》され、さらにスターリンの統治下では数百万人もの人が粛清《しゆくせい》されたり、シベリアの強制収容所に送られたりした。

戦後になってスターリンの残虐行為が明らかになったとき、日本の進歩的文化人たちのなかには「あれは共産主義のせいではなく、スターリン個人の資質の問題である」とか、「ロシア人の民族性ゆえに起こった悲劇だ」というような弁護論を展開した人もいた。しかしそれが大きな間違いであるのは、毛沢東《もうたくとう》の中国革命、さらに文化大革命などで同じような大量殺人が起きたことを見れば直ちに分かるであろう。このとき、中国で殺された人の数は五千万人を超えるという説もある。少ないほうの説でも四千万人という。

これはベトナムでも同じである。ベトナム戦争で南ベトナムが〝解放〟されたあとに待っていたのは、恐るべき大虐殺であった。そして、それから逃れるために百万人を超えるベトナム人が難民として海外に脱出した。ボート・ピープルもそれであった。

さらにカンボジアでも、ポル・ポト派によって大量虐殺が行なわれた。いまでもその詳細は分かっていないが、およそ一国で行なわれた粛清としては史上最悪の高率で国民が殺されたという。また、北朝鮮で同様のことが今日《こんにち》でも行なわれているのは周知の事実である。

こうしたことから分かるように、およそ共産革命と名のつくもので組織的な暴力や虐殺と無縁だった例はまったくない。革命は、常に大量の血を欲するものなのである。

治安維持法の目的は、このような暴力的イデオロギーの侵入を防ぐためにあった。とくに日本の場合、ロシア革命直後の大正九年（一九二〇）にニコライエフスク事件（尼港《にこう》事件。75～76ページ参照）を経験しているから、共産革命に対する恐怖感は強かったのである。

隣国であるソ連からそのようなテロ思想が入ってくることに対して、治安維持法という対抗措置《たいこうそち》を採った日本政府の立場は、今日から見ても理解できるものだし、また未然にそれを防げたという点については評価できるのではないか。もしそういう法的措置を取らなかったとするならば、その政府は怠慢だったということになる。

だがその一方で、治安維持法によって無辜《むこ》の人々が犠牲になったのも否定できない事実である。とくに労働運動や農民運動、無産運動、新興宗教運動の関係者たちは大きな迷惑を被《こうむ》った。

さきほど触れた私の近親も、その一人である。彼は教育者として、生活綴《つづ》り方（今日の作文教育の原点）の運動をやっていたのだが、「左翼思想である」として捕らえられたのである。これはまったくの冤罪であったのに、二年以上も未決のまま拘留された。彼は綴り方運動を発足させた時、参会者一同を連れて神社に参拝に行って報告している。戦前のごく普通の教育者だったのである。

結局、放免《ほうめん》されたわけだが、それでも特高の刑事が執拗《しつよう》に付け回してくるので、そのために何度も職を失った。刑事が職場にまで聞き込みにくるのでは、雇っているほうも気味が悪い。それで、馘《くび》にしてしまうのである。そこで「これでは生活もできない」ということで、私の近親は満洲に渡った。すると、満洲の新しい職場にまで刑事が現れたという。おそるべき執拗さではないか。

私の近親のように、共産主義とはまったく関係ないのに治安維持法で逮捕された人は数え切れない。そのなかには、無罪なのに罪を認めてしまった人もいるし、取り調べの途中、拷問によって命を失った人も何人かはいる。

治安維持法で死刑になった共産党員はいない

治安維持法が共産主義排除という当初の目的を離れ、シナ事変が始まるとまったく酷《ひど》い運用のされ方をしたことについては一点の疑いもない。だが、それでも私は治安維持法について、次の指摘をしておきたいと思う。「この治安維持法によって死刑を宣告された共産党員は一人もいなかった」という事実である。

治安維持法の最高刑は、当初は十年以下の懲役または禁錮《きんこ》であったが、昭和三年（一九二八）に改正されて、死刑または無期《むき》懲役ということになった。ところが、この法律によって死刑になった共産党員は一人もいないのである。

私がこの事実の持つ意味を知ったのは、さきほど紹介した近親者からであった。私がこの人に「過酷《かこく》な取り調べを受けている間に、よく無実の罪を認めてしまいませんでしたね」と尋ねたところ、彼はこう答えたのである。

「それは、警察は無茶な取り調べをするけれども、裁判になれば無実が明らかになるはずだという思いがあったからだ。あの頃の裁判は天皇の名によって行なわれていたから、国民はみな正義が通ると信じていた。それに、拘留中は辛かったけれども、戦争に行っている人のことを思えば我慢もできた。食い物だってあるし、弾も飛んでこないのだから、兵隊に取られるよりはずっとましだと思った」

この話を聞いて、私は目から鱗《うろこ》が落ちるような気がした。

なるほど、治安維持法は悪法かもしれない。だが、この法律によって無実の罪で拘留された人ですら、裁判が正しく行なわれると信じていたのだ。何も彼らは「暗黒裁判」で裁かれたのではない。そこでもう一度、事実を確認してみると、「天皇の裁判」によって死刑になった共産党員が一人もいなかったことに気付いたのである。

戦後の日本共産党においては、「非転向」ということが勲章になっていた。つまり、逮捕されても思想を捨てず、最後まで抵抗したという人が大きな顔をしていた。しかし考えてみれば、この人たちが日本に入れようとしていた共産主義は、転向とか非転向という言葉すら許さない残酷なイデオロギーである。

スターリン時代の粛清の話を読むと、一枚の紙切れで逮捕され、裁判もなしに銃殺された人が無数にいたという。おそらく逮捕に当たっては反革命という罪状があっただろうが、彼らには裁判を受ける権利さえ許されなかった。

日本の場合、警察で拷問を受けて死んだ人がいるのは事実である。作家・小林多喜二などが死んだのも拷問の結果だという。

しかし、これは明確にしておきたいが、小林多喜二が殺されたのは、あくまでも取り調べの過程で起きた出来事だという点である。共産主義国家のように最初から取り調べもせずに死刑にされたのとは、意味が違うのだ。ソ連のような国家では、転向することも、非転向を貫くこともできない。一度逮捕されたら、無罪を訴えることすら許されずに殺されてしまうのである。そして、その数が厖大《ぼうだい》なのだ。転向や非転向などというのは、命があってこそ成り立つ話なのである。

戦後はいざ知らず、戦前の日本共産党は、ソ連の指導によって日本をソ連のごとき国家にすることを目的としていた。

治安維持法は、紛《まご》う方なき悪法である。だが、そのことを非難する資格が共産主義者にないことはたしかである。彼らが理想としていたのは、治安維持法の日本など比べものにならないほど残虐な国家ではなかったか。それを棚に上げて、戦前の日本を非難するというのは、どう考えてもおかしいのである。

共産革命が起きたら日本がどうなるかは、昭和四十七年（一九七二）二月の連合赤軍事件を見ればよく分かる。わずか三十人ばかりのグループが、何と十二人の同志男女を「総括《そうかつ》」と称して虐殺していたのだ。これは革命のミニ版である。スターリンや毛沢東は、これと同じことを全国規模でやったと思えばよい。

治安維持法の〝亡霊〟

このことは何度も繰り返したいが、治安維持法の歴史的評価をするのであれば、同時に共産主義のことも考えなければ、その真実は見えてこない。

治安維持法を悪と決め付けるのは、たやすい。それは特高でさえも最初は反対した法律である。だが過去を振り返る場合、そのような悪法がなぜ成立したかということをもあわせて考えなければ、歴史から何の教訓も得られないのではないか。

戦後の日本は、一方的な断罪史観と言うべきものが大手を振った時代であった。教育の現場でも、「戦前の日本はすべて悪」と決めつければそれで近代史は十分、というような教え方がされてきた。だが、そのような単細胞的な見方は何の役にも立たないし、かえって害ばかりを生み出すことになる。治安維持法に関しても、それは言える。

「かつて特高で思想弾圧をした」ということが強調されすぎた結果、戦後の警察当局は世間に対して堂々と胸を張りにくいような雰囲気になった。警察官は「権力の手先」のごとく思われ、ことあるたびに、マスコミなどから「また不法逮捕や思想弾圧をするのではないか」と疑われる。それで政府のほうもだんだん世間を気にして、思想が絡《から》む事件に対して非常に穏健《おんけん》、悪く言えば弱腰になってきた。

オウム真理教なる新興宗教が世間を騒がせ、現在も名を変えて続いているが、戦後の警察が宗教絡みの問題に対してまことに慎重になったのも、治安維持法のイメージが大いに影響していると言えよう。大量虐殺を実行してみせた教団に破防法《はぼうほう》（破壊活動防止法）の適用ができなかったことも、その一例だろう。

むろん、憲法によって思想信条の自由は保証されている。しかしそれは、イデオロギーによって暴力をふるうことまでを認めているわけではないのだ。ところが、戦後の警察は暴力的な左翼イデオロギーに対して、毅然《きぜん》たる姿勢を取りにくくなった。

それどころか、日本のジャーナリズムでは犯人が警察官を撃ってもあまり批判しないが、警官が正当な理由で武装した犯人を撃つと大いに騒ぎ立てる体質さえ生じた。先に触れた連合赤軍事件でも、浅間山荘《あさまさんそう》に立て籠《こも》った武装集団は警官二人を死亡させ、十三人に重軽傷を負わせたのに、犯人は一人も射殺されていない。このことは日本の警察の名誉ではあるが、これでは犠牲になった警官があまりにも傷《いた》ましいではないか。

そのような傾向が最悪の形となって表れたのが、成田空港の土地問題である。

昭和六十三年（一九八八）前後、成田空港の土地収用委員長が路上で襲われ、また他の委員の家にも脅迫電話がかかるという事件が起きた。その結果、土地収用委員会は委員長以下、全員が生命の危険を感じて辞任し、事実上、委員会が崩壊してしまうことになった。

暴力によって目的を達成しようということが、許されていいはずはない。しかしこれに対して、日本政府は「このような事態になったのは強制収用をやろうとしたからだ」と言ってそれまでの強制収用路線をあっさりと捨て、反対派との対話をすることにしたのである。

なるほど、成田空港に関しては、そもそもの用地選定の段階で問題があったという意見もある。はたして強制的に土地収用をせざるをえなかったかについても、議論の余地があるかもしれない。

だが、公共の福祉のために用地を買収できることは、現行憲法の第二十九条にも明記されていることだ。また、その法の執行に当たっては約五千人の警官が死傷している。しかるにテロによって収用委員のなり手がいなくなったからといって急に方針を変え、対話路線にするというのでは、まさにテロをやった連中の思う壺《つぼ》ではないか。

このようなことが起きたのも、つまるところは治安維持法の亡霊が徘徊《はいかい》しているからである。

戦後、治安維持法の悪法ぶりが強調されすぎるあまり、どんな思想信条であっても警察が干渉してはいけないというような雰囲気になった。ことに左翼がかった思想に対してマスコミは過敏で、ことあるたびに「思想弾圧の疑い」と報じた。だが、ほんとうは暴力を認めるような思想と、そうでない思想との間には明確な一線が引かれるべきであったのだ。いかなる思想にせよ、法治国家において組織的暴力を行なうような集団は許されるべきではない。

治安維持法によって共産主義と社会主義的極右以外の思想も弾圧されたことはまことに遺憾《いかん》であるし、いくらでも反省の余地がある。だが、暴力革命を目指した戦前の日本共産党に対する措置は別なのだということが、あまりにも言われなさすぎた。

あえて言えば、戦前の世界において、日本の警察は比較的ましなほうであった。ソ連や毛沢東の中国は言うに及ばず、ナチス・ドイツの警察はもっともっと酷いことをやっている。アメリカにおいても、アメリカ国籍を持つ日系人がすべての資産を失い、強制収容所に入れられた時代である。そのなかにおいて、日本の警察が特に悪質だったとは誰にも言えないと思う。

その意味で、日本の警察関係者が戦前の警察について、あまり極端な罪悪感を持ちすぎることは、日本のためにマイナスであろう。

いわゆる〝サリン事件〟などが起こったとはいえ、諸外国に比べればまだまだ日本は治安のいい国である。また、共産主義思想の影響力はほとんど失われた。しかし、いつまた暴力を積極的に容認するような思想が出てこないともかぎらない。そのとき、警察に毅然とした態度を取ってもらうためにも、ぜひ治安維持法について公平な認識を持っていてもらいたいと思うのである。

軍国主義は「天皇親政」による社会主義

戦前の日本において、共産党はほとんど影響力を持ちえなかった。その最大の原因は、彼らの用語で言えば「天皇制の廃止」、つまり皇室をなくすること（ロシア革命的に言えば、皇室に繋がる人たちを皆殺しにすること）を掲《かか》げたことにあり、このスローガンが共産主義に対する国民の恐怖感を生み、さらには治安維持法を生んだことはすでに述べたとおりである。

その結果、コミンテルンは日本の共産党を問題にしなくなった。日本の警察が優秀で、党としては実質上壊滅したからである。それでベルリンなどを中心として、ヨーロッパに来る日本人を赤化《せきか》する方針にした。入党を求めず、左翼シンパになればよいとした。戦前のインテリ日本人、とくにドイツに留学した学者や芸術家に左翼が多かった一因は、コミンテルンのこの巧妙な戦術転換にあった。

さて、こうした左翼の共産党の代わりに日本で大きく力を持ったのは、右翼の社会主義者たちの存在である。彼らは天皇という名前を使って、日本を社会主義の国家にしようと考えたのである。

戦後の歴史教育では、彼らのことを国家主義者とか軍国主義者というような名前で呼んでいるが、それでは本質は分からない。彼らは、あくまでも右翼の社会主義者なのである。

この右翼社会主義思想を唱えた人に北一輝《きたいっき》がいるが、彼の主著は『国体論《こくたい》及び純正《じゅんせい》社会主義』（傍点・渡部）というタイトルで、まさにこれは〝社会主義のすすめ〟である。実際、この本が出たとき、日本の左翼思想家たちは諸手《もろて》を挙げて、その主張に賛成したほどである。

昭和六年（一九三一）三月、右翼が結集して「全日本愛国者共同闘争協議会」という連合体を作った。そのときに決議された綱領《こうりょう》を見れば、「右翼社会主義」の思想がよく分かるであろう。

〈一、われらは亡国政治を覆滅《ふくめつ》し、天皇親政《しんせい》の実現を期す。〉

彼らが言う亡国政治とは、議会政治のことを指す。腐敗・堕落した議会は日本のためにならないから廃止して、天皇自らが政治を執《と》るようにすべきだというのである。「天皇親政」とは聞こえがいいが、結局は天皇の権威を藉《か》りて社会主義的独裁政治を実現すべきだということである。

〈一、われらは産業大権の確立により資本主義の打倒を期す。〉

「産業大権」というのは、軍事における天皇の統帥権《とうすいけん》と同じように、産業に対する統帥権を確立すべきだという意味である。つまり、「私的財産権を大幅に制限し、土地を含むすべての生産手段を国有にせよ」というのだ。これが国家社会主義的な発想であることは、いまさら言うまでもない。

〈一、われらは国内の階級対立を克服し、国威の世界的発揚《はつよう》を期す。〉

左翼も右翼も同じ社会主義であることは、ここで「階級対立」という概念が持ち出されていることでも分かる。資本家と労働者の間にある貧富の差をなくすることは、右翼社会主義者にとっても重要な政策スローガンであったのだ。

青年将校による〝昭和維新〟の実態

このような右翼社会主義思想は、特に若い軍人たちに浸透した。彼らがこの思想に飛びついたのは、日本の不況、ことに農村部の窮迫《きゅうはく》が意識にあったからである。

青年将校たちは、毎日のように農家出身の兵士たちと接している。東北の農村などで、一家を救うために娘が身売りしているというような話を聞いて彼らが感じたのは、日本の当時の社会に対する義憤《ぎふん》であった。

こうした〝義憤〟に駆られた将校たちが怒りを向けたのが、資本主義と政党政治であった。一部の財閥《ざいばつ》が巨利《きょり》を貪《むさぼ》っているのに、農民は飢えに苦しんでいる。政治家たちは目先の利益だけを追い求め、国民のことを考えようとしない――こうした不満が「天皇を戴《いただ》く社会主義」と結びつくのは、ある意味で自然の成り行きであった。

そこで生まれた陸軍内のグループが、皇道派《こうどうは》と統制派《とうせいは》（注1）である。この二派は抗争を繰り返していたから誤解されやすいけれども、それは革マル派と中核派が対立しているのと同じで、結局はこれも〝同じ穴の狢《むじな》〟なのである。

彼らはともに、天皇の名によって議会を停止し、同時に私有財産を国有化して社会主義的政策を実行することを目指していた。そうすることで、ホーリー・スムート法とブロック経済による大不況を解消し、〝強い日本〟を作ろうというのである。両者の間で違ったのは、日本を社会主義化するための方法論にすぎない。

皇道派は、二・二六事件を起こしたことからも分かるように、テロ活動によって体制の転覆を狙うグループである。彼ら若手将校が唱えていた〝昭和維新〟とは、要は「天皇の名による、そして天皇を戴く社会主義革命」であった。

これに対して統制派は、軍の上層部を中心に作られ、合法的に社会主義体制を実現することを目指した。理想とした政策は、ほとんど皇道派と変わらないと言っても間違いない。

（注1）**皇道派と統制派**　荒木貞夫《あらきさだお》、真崎甚三郎《まさきじんざぶろう》を中心とした「皇道派」にはクーデターによる国家改造をめざす急進的な青年将校が集まり、一方、永田鉄山《ながたてつざん》、東条英機《とうじょうひでき》らを中心とする「統制派」は幕僚層を基盤とし、軍中央による統制下での国家改造を目指した。両派の対立から、永田鉄山は昭和十年（一九三五年）、皇道派の陸軍中佐・相沢三郎《あいざわさぶろう》に斬殺《ざんさつ》された（相沢事件）。皇道派は二・二六事件の失敗により衰退し、以後、統制派が主導権を握った。

自由経済攻撃の生贄となった財界首脳

といっても、右翼や軍人たちの言うように、財閥や政党政治家は腐敗していたかと言えば必ずしもそうではない。社会主義者の目から見れば、自由経済や自由主義はすべて腐敗しているかのごとく映るのである。たとえば、彼らは財閥が為替《かわせ》相場で儲《もう》けることすら気に入らなかった。

世界大恐慌《だいきょうこう》の大波をかぶって日本も不況になったとき、〝ドル買い事件〟ということが新聞を賑《にぎ》わせた。

長びく不況のなか、金融の中心だったイギリスは一九三一年（昭和六）に金本位制を止めた。これに北欧三国やアルゼンチン、オーストリアなどが続々と追従《ついじゅう》したのに、日本の井上（準之助《じゅんのすけ》）蔵相は金本位制を固守し、円は一ドル二円のままであった。しかし日本の経済力からいって、一ドル二円五十銭くらいが相応《そうおう》というのがプロの推定だった。事実、財閥系の銀行ではドル資金が不足してもいたし、また「どっちみち一ドル二円という円高は長く維持できるはずがない」と見て、財閥系銀行は大規模に〝円売りドル買い〟を行なった。

円の暴落を見越して、ドルを大量に買いつけることでリスク・ヘッジをしようというのだから、これは商人や銀行家であれば当然の判断である。ところが、右翼たちから見れば、これは「世の中が不況で苦しんでいるのに、財閥だけが為替相場で儲けているのはけしからん」ということになった。昭和七年（一九三二）、血盟団《けつめいだん》事件で三井財閥の團《だん》琢磨《たくま》を暗殺したのは、この〝ドル買い事件〟に怒った右翼の仕業《しわざ》であった。

右翼社会主義者たちの目から見れば、まったく合法的な自由経済活動すら〝腐敗〟に見えたのである。

だから彼らが財閥を攻撃対象にしたのは、一種のスケープゴートであった。彼らにとっては自由経済そのものが悪に見えたのであり、それを攻撃するための生贄《いけにえ》として、まず財閥首脳を選んだにすぎないのである。それはシナ事変のあと、彼ら右翼社会主義者たちが政権を取るようになったとき、財閥のみならず、すべての商業活動が制限されたのを見れば分かるであろう。

そして自由な商業活動がなくなってしまえば、戦争を止めるものは誰もいなくなるのである。

かつて駐日大使でもあったライシャワー教授が、「日本には三井・三菱という世界的財閥もあったのに、なぜむざむざと戦争に突入したのか分からない」というようなことを書いていたのを記憶している。これは、自由経済のことをよく知っている人なら当然の感想である。日本では戦前の財閥は悪の象徴のごとく言われるが、それは間違った理解なのだ。晩年の渋沢栄一の最大の関心と努力目標は日本の平和にあった。財界の大御《おお》所《ご》であった彼は、日本の繁栄の基が平和にあったことをよく知っていたからである。

世界中の国を相手に商売をやろうと思えば、その前提になるのは平和である。友好的な外交関係がなければ、自由貿易は成り立たない。だから、もし戦前の日本において財閥などの企業家たちの意見が通るような状況があれば、戦争を回避する方向に向かったはずである。ところが、実際にはそのようなことにならなかったのは、「財閥は悪である」と決めつけた右翼社会主義者たちが政権を握ったからにほかならない。

〝クリーンな〟軍人、東條英機

右翼たちは、政党政治家に対しても、その〝腐敗〟を攻撃した。「政友会《せいゆうかい》は三井財閥から、民政党《みんせいとう》は三菱財閥から政治資金をもらっている」というのが、その理由であった。

しかし、政党政治で支持者から献金を得るのは当然のことである。政治家たちが財閥から政治献金を得ていたのは事実だろうが、だからと言って、それを腐敗と攻撃するのは民主主義が何も分かっていない証拠である。

そもそも大正十四年（一九二五）に普通選挙法が公布されてからというもの、選挙は大変にカネのかかるものになった。それまでは、ある一定額以上の税金を納めた成人男子しか投票権がなかったから、選挙運動はほとんど必要なかった。この当時、選挙権を持っているといえば、農村では地主ぐらいだし、また都会でも自分で商売をやっているような人である。したがって、ほとんどの人は支持政党が決まっているし、収入もあり、プライドもある。だから、買収など効き目があまりない。

私が物心ついたのは普通選挙法が通ってから十年も経ってからだが、選挙というと父が滅多にかぶらない帽子をかぶって投票に行ったことを覚えている。父のこの習慣は戦後も続いていて、むしろ奇異な感じがした。父の頭に刷り込まれていた選挙とは、威儀《いぎ》を正して投票所に行くことであった。その姿は、戦後にはアナクロニズム（時代錯誤《じだいさくご》）に見えたけれども。

ところが普通選挙になると、買収や饗応《きょうおう》が効果を持つようになるのだ。すべての成人男子に参政権を与えるのは、一面ではたしかに素晴らしいことである。しかし、それは必然的に選挙のコストを押し上げるのだ。なぜなら、選挙民が一挙に増えたということは同時に、支持政党のない、またプライドもない、政治に無関心な人たちまでが一票を持つということである。

そのような人たちの票を集めようと思えば、これは大規模なキャンペーンを行なわなければならなくなる。あるいは買収や饗応で、票買いをするということになる。政党政治家たちが、企業からの大口献金に頼らざるをえなくなったのは当然のことであろう。

つまり普通選挙の実施が、それまでにないほど選挙資金の必要を生み出したのである。ところが、右翼たちは選挙の実態にはまったく触れず、企業献金だけを非難して「政党は腐敗している」というのである。

このような論理の展開は、いまのマスコミもよく使う手である。一見すると、まともな意見に思えるかもしれないが、それがいかに危険なものかは、このあと、右翼社会主義者たちがやったことを見ればよく分かるであろう。

〝クリーン〟な軍人の代表として首相に就任した東條英機が「汚職を追放する」と称して行なったのは、翼賛《よくさん》選挙であった（昭和十七年）。これは何かといえば、「政治献金をもらうから汚職が起こるのだ」ということで、政府の推薦《すいせん》を受けた立候補者には選挙資金を交付するということになったのである。

じつは、その推薦された議員の選挙資金は、陸軍の機密資金からばらばら撒かれたものであった。これは当時から周知の事実で、機密資金（臨時軍事費）で当選した議員は〝臨軍代議士〟と呼ばれた。つまり、この選挙で推薦議員として当選した人は、すべて陸軍と〝癒着《ゆちゃく》〟した議員なのである。民間から一切カネをもらっていないのだから、選挙民や財閥などの顔色を気にする必要はない。その代わりに、「陸軍の言うことなら何でも聞く」という議員が大量に誕生した。

こうなってしまえば、もはや議会制民主主義は消滅したも同然である。実際、この翼賛選挙の一年半前の昭和十五年(一九四〇)秋には、近衛文麿《このえふみまろ》首相を総裁とする大政翼賛会《たいせいよくさんかい》が発足し、すべての政治団体は解党し、日本に政党はなくなっていた。つまり、大戦中の帝国議会は、臨軍代議士三百八十一人と、そうでない代議士八十五人から成っていたのである。

これは日本ばかりの話ではない。あらゆる社会主義国の選挙は、基本的に翼賛選挙と同じである。たしかに、個人的な汚職はないかもしれない。だが、そこでは議員と政府とが〝癒着〟するという、言ってみれば「組織的な汚職」が起こっているのである。

これが、社会主義者や現代のマスコミが言う〝クリーンな政治〟の終着点なのだということを忘れてはならない。

〝天皇の官僚〟の台頭

さて、陸軍内の右翼社会主義者たちに話を戻そう。

彼らは先ほども記したように、皇道派と統制派に分かれて対立していたわけだが(もちろん、こうした派閥の圏外《けんがい》にいた軍人も多い）、この両者のうち、結局、生き残ったのは統制派のほうであった。というのも、若手将校を中心とする皇道派が二・二六事件を起こして自滅してしまったからである。

皇道派は二・二六事件において、〝昭和維新〟を唱えてクーデターを起こそうとした。その目的は言うまでもなく、軍部を中心とした「天皇を戴く社会主義的政権」を作ることであった。

ところが、これは完全な失敗に終わった。昭和天皇の断固たる決意もあって反乱軍は鎮圧され、首謀者《しゅぼうしゃ》たちも逮捕された。国民の多くも、反乱した青年将校のやり方を好まなかった。この事件で殉職《じゅんしょく》した警官たちに寄せられた同情の大きさは、それを示す一つの証拠と言えよう。

しかし、これは対立する統制派にとってはチャンスであった。陸軍内の皇道派は勢力を失い、統制派が陸軍の主導権を握ったのである。そしてこれ以後、日本全体も統制派に動かされることになった。すでに陸軍は彼らの思うがままに動くわけだし、政府も議会も二・二六事件以来、テロを恐れて、まったく軍の意向に逆らえなくなった（といっても、実際には統制派はテロを嫌っていたし、その必要もなかった。統制派の意思は陸軍の意思となり、陸軍の意思は日本の意思であるかのごとき状態になったからである)。

さらに、のちに詳しく述べるが、この頃には統帥権干犯《とうすいけんかんぱん》問題によって首相も内閣もない明治憲法の欠陥が露呈《ろてい》していたので、「憲法上」、政府は軍に干渉できないことになっていた。だから、一部の政治家が抵抗したところで、軍の意思を止めることは不可能な状況だったのである。

このような軍部の台頭に呼応《こおう》する形で社会主義に傾斜していったのが、官僚たちであった。

官僚の仕事と権力は、自由経済であればあるほど少なくなり、統制色が強まるほど増えていく。大恐慌前の日本の経済政策の基本は言うまでもなく自由主義であり、国家は財閥の活動を奨励こそすれ、統制しようとはしなかった。必然的に、役人の出番は少なかったのである。

それが大恐慌になってから、役人たちは「いまこそわれらの出番ではないか」と考えるようになった。日本国中に失業者が満ち、景気が悪くなる様子を見て、官僚も軍人と同じく「もはや政治家に任せてはおけない」と思ったのである。

しかも、高級官僚たちはほとんどみな東京帝国大学法学部卒業のエリートであるから、雑多な学歴の政治家に対する蔑視《べっし》あるいは嫌悪感もあった。つまり、「我々のほうがずっと頭がいいのに、なんで政治家ごときの言うことを聞かねばならないのか」という反感である。

こうしたことから登場したのが、「新官僚」と呼ばれる人たちであった。彼らは〝天皇の官僚〟を自称した。軍部が〝天皇の軍隊〟と言うのなら、自分たちも天皇に直結して、政治家から独立して行動できるというのが理屈である。無論、そんな理屈はあってはならないのだが、彼らは軍部と結託《けったく》し、日本の政治改革を行なおうとした。

とくにそのなかでも積極的だったのが内務省である。内務省は選挙粛正《しゅくせい》運動、つまり選挙の〝腐敗〟を防ぐという名目で政党政治家たちを徹底的にマークし、選挙違反で摘発して政党政治の力を削《そ》ごうとした。こうした傾向は内務省から他省庁に広がり、さらには中堅の官僚にまで及ぶようになった。

そして、この新官僚の次に登場したのが「革新官僚」という連中である。「議会や政府という邪魔者はいなくなった。今度は日本全体を統制国家にしよう」というのが、彼らの狙いである。戦時体制を推進する軍部と一緒になって、彼らはナチスばりの全体主義国家を作ろうとし始めた。

「経済版の参謀本部」企画院の設立

こうした革新官僚の台頭を最も象徴するのが、二・二六事件の翌年の昭和十二年（一九三七）十月二十五日に創設された企画院《きかくいん》である。

企画院は元来、近衛内閣の前の内閣である林銑十郎《はやしせんじゅうろう》内閣が、内閣調査局の統制経済の役割を拡大するため企画庁を作ったのが始まりである。その後、近衛文麿首相は企画庁と内閣資源局とを合併したのである。

これは、シナ事変（同年勃発）に対応するため、戦時統制経済のあらゆる基本計画を一手に作り上げるという目的で作られたものである。言ってみれば「経済版の参謀本部」で、その権限はあらゆる経済分野をカバーする強大なものとなった。

それはさておき、企画院を作った近衛自身も、社会主義的政策に共感を覚える人であったようである。彼は、東大哲学科から京都大学法科に移ったという経歴の持ち主であるが、彼が転学したのは、河上肇《かわかみはじめ》に師事したいということが最大の理由であったという。河上は、日本におけるマルクス主義経済学の先達《せんだつ》とも言うべき人である。

近衛のために多少弁護するなら、当時の上流階級に属するような青年たちは、自分たちが世襲の財産と地位のおかげで裕福な生活を送っていることに対しての引け目から、左翼思想に惹《ひ》かれる傾向があった。作家・太宰治《だざいおさむ》もその一例であるが、華族《かぞく》の近衛も同じような感覚であったと思われる。同じ傾向はイギリスの上流社会にも見受けられた。

近衛は、その後はマルクス主義からは離れたわけだが、社会の貧富に対して良心の呵《か》責《しゃく》を覚えるという姿勢は変わらなかったようである。それは彼が大学卒業後、二十代後半に書いた文章のなかにも表れている。この感覚は彼の国際関係にも表れ、彼が二十七歳の時（大正七年＝一九一八年）に書いた『英米本位の平和主義を排す』は、「持てる国」が、その特権的地位を保持し続けようという利己心から、現状維持の平和主義を主張するのは怪《け》しからんという主旨のものであり、その後のブロック経済に対する態度としては正論と言えよう。これは、約二十年後に日本の国策となった「東亜新秩序建設」に通ずるものであった。

このような社会感覚を持った人が、革新官僚や軍人の唱える「天皇を戴く社会主義」に共感を抱いたのは、ある意味では当然の結果であった。彼らの唱える国家改革プランは、自由主義経済によって財をなした人々からその富を取り上げ、貧しい人に分け与えようというものであるから、近衛も賛成したのである。

とは言っても、近衛は「右翼の社会主義ならいいだろう」と思って企画院を設立したのではない。彼は、革新官僚たちの主張することが社会主義であり、共産主義に通ずるものであるということに、初めは気づいていなかったのだ。そうと断言できるのは、終戦直前になって近衛が「右翼も左翼も同じだということに、ようやく気づいた」と告白しているからである。

昭和二十年（一九四五）二月十四日、近衛文麿は昭和天皇に上奏文《じょうそうぶん》を呈出《ていしゅつ》する。この日はアメリカ軍が硫黄島《いおうとう》に上陸を開始する五日前であり、ドイツではドレスデンの大空襲で十三万五千人が死に、またハンガリーの首都・ブダペストがソ連に占領されたという報道があった翌日であった。つまり、敗戦の色が急に濃くなった頃である。

「このまま戦争を続けていれば、日本は敗北し、共産革命が起こることになるので、一刻も早く戦争を終結すべきだ」ということを進言するためのものであったが、そのなかに次のような主旨の一節がある（現代文訳・渡部）。

「少壮《しょうそう》軍人の多数は、わが国体と共産主義は両立するものなり、と信じているもののようであります。軍部内の革新論の基調も、またここにあるものと思われます……

これら軍部内の革新論者の狙いは、かならずしも共産革命ではないかもしれませんが、これを取り巻く一部官僚および民間有志（これを右翼と言ってもいいし、左翼と言ってもいいでしょう。右翼は国体の衣《ころも》を付けた共産主義者であります）は、意識的に共産革命まで引きずろうという意図を包み隠しております……

このことが過去十年間、軍部、官僚、右翼、左翼の多方面にわたって交友を持っていた不肖《ふしょう》近衛が、最近静かに反省して到達した結論です……

彼らの主張の背後に潜《ひそ》んでいる意図を十分に看取《かんしゅ》できなかったことは、まったく不明の致すところで、何とも申し訳なく、深く責任を感じている次第です」

青年時代にマルクス思想を学び、そして首相として軍人や官僚たちと仕事をした人の最終的意見であるから、まさに注目すべきものであろう。

いまなお残る統制経済の始まり

さて、企画院によって生み出されたのが、国家総動員体制であった。日本に存在するすべての資源と人間を、国家の命令一つで自由に動かせるということであり、まさに統制経済が行き着くところまで行ったという観がある。何しろ、この体制では釘《くぎ》一本、人一人を動かすのでも政府の命令、つまり官僚が作った文書が必要なのである。

国家総動員体制によって、日本は完全な右翼社会主義の国家となったわけだが、最後に一つだけ述べておきたいことがある。それは、敗戦によって全体主義の軍人たちはいなくなったが、官僚とその組織はなくならなかったという事実である。

シナの歴史を見れば分かるように、官僚というのは、政治体制が変わっても、その影響をほとんど受けない集団である。たとえば、漢民族の宋《そう》が滅《ほろ》んだときもそうであった。新しい王朝の主人になった元《げん》のモンゴル人たちは、前王朝の官僚たちを追放できなかった。彼らがいなくなれば、新国家の運営に必要な事務処理が止まってしまうからである。その後、満洲族の支配した清《しん》も、科挙《かきょ》(古来からの高級官僚試験)を維持し、その官僚を使って統治した。

それと同じことが、先の敗戦のときも起きた。GHQ(注1)は官僚組織の上層部にいた連中を飛ばすことはできても、その下にいる人々を馘《くび》にできなかったし、統制的な法律も残した。占領軍が廃止を命じた役所は、陸軍省、海軍省、内務省など、戦争と直接関係の深かったところである。

それで敗戦後も日本は統制経済が続くことになった。たとえば、戦後五十年間にわたって維持されてきた食管法(食糧管理法)も、戦時中の配給制度のために作られた法律である（昭和十七年＝一九四二年制定）。また、現在の不動産所有の形の原型を作った地代家賃統制令なども、昭和十四年（一九三九）に公布されている。

このような法律は、終戦後の混乱期には意味があったかもしれない。しかしその後、環境が変化しても一向に廃止にならなかったのは、やはり戦時中の強権を手放したくないという官僚の論理によってなのである。

ただ一つの例外は通産省（現経済産業省）であった。ここだけは、戦時中の統制をどんどん放棄する方向にベクトルが働いてきた。それは、世界市場のなかでの自由競争に勝つうえで、配給制度はかえって邪魔になるという判断があったからだろう。また日本の製造業が強力なため、アメリカなどから自由化の圧力が特に強かったということも考えられる。

配給のような統制経済は、戦時や混乱期においては効果があったかもしれない。しかし、豊かになってまで続けてはならないのだ。

幸いにして、昨今の日本はどんどん規制緩和の方向に行って、官僚の権限も徐々に縮小しているようである。我々が繁栄と平和を謳歌《おうか》し続けるためにも、今後も統制経済を許してはならないということを、ぜひ強調したいと思う。

アメリカ発のサブプライム・ローン以来の混乱で、統制の必要が主張されるようになったが、それには警戒が必要である。アメリカで、ローンを払う力のないことが明瞭な人たちにも住宅ローンを貸すというインチキ商法を横行するままにしたことが悪かったのである。インチキ商法は常に取り締まるべきであるが、それを経済活動一般と混同してはなるまい。

（1）**GHQ**　General Headquartersの略。連合国最高司令官総司令部。昭和二十年（一九四五）、大東亜戦争終結により対日占領政策を実施した連合国軍の機関。最高司令官はアメリカ軍マッカーサー元帥。昭和二十七年（一九五二）、講和条約発効とともに廃止。

第4章

リーダーのいない「二重政府」の悲劇

関東軍はなぜ暴走したか

アメリカやシナでの反日運動、ホーリー・スムート法をきっかけとして始まったブロック経済による不況、「天皇制打倒」を唱えるソ連共産主義に対する軍事的・イデオロギー的恐怖――この三要素が相まって、日本も真の危機感を抱くようになった。

昭和初年において、このような状況に対して最も危機感を募《つの》らせたのは、満洲にいた日本陸軍、すなわち関東軍の将校たちであった。満洲ではコミンテルンに使嗾《しそう》された反日運動が、民族主義の形をとって過激化しつつあったのである。

この危機感が日本陸軍に昭和六年（一九三一）、満洲事変を起こさせた。満洲の諸都市を制圧するという軍事行動が、本国政府の意向を無視して行なわれたのである。

彼らは満洲北方で直接、ソ連軍と対峙《たいじ》していたし、また満洲内部では蔣介石《しょうかいせき》や張作霖《ちょうさくりん》らが率いるシナ軍が至るところで反日的行動を行なっていて、日本人入植者（それには多数のコリア人も当然、含まれる）の生命や財産が常に危険に晒《さら》されていた。

しかるに当時の日本政府は幣原喜重郎《しではらきじゅうろう》外相の方針で、徹底した国際協調外交を行なっている。それは「軟弱外交」と言われたほどで、シナ大陸で日本人居留民《きょりゅうみん》の生命が危険に陥《おちい》っても武力を用いず、話し合いで解決しようとしたから、満洲在住の日本人も関東軍将校も「日本政府は頼りにならない」と思うようになった。

このような事態を打開するために、関東軍は昭和六年（一九三一）九月十八日、満洲事変を起こし、さらに満洲国（昭和七年三月一日建国宣言）を独立させたのである。もちろん、日本政府の方針をまったく無視し、出先で勝手なことをやった関東軍将校の行動は暴走としか言いようがない。この暴走は、陸軍の中央でさえ知らないところで起きたのであるから、事はさらに重大である。

このような事態になったのは、もとはと言えば首相も内閣も規定されていない明治憲法の欠陥に起因する。

明治憲法には責任内閣の制度がなく、内閣の規定もなければ内閣総理大臣（首相）の規定もない。明治憲法公布の四年前（一八八五年）に内閣制度ができてはいるが、内閣および首相の存在は、明治憲法の条文に立脚したものではない。

行政府たる内閣の規定がないのだから、内閣が軍隊を指揮するという規定もない。また、議会が軍隊を監督するという条文もない（これについては後述）。

この欠陥に気づいた一部の海軍高官は、昭和五年（一九三〇）のロンドン海軍軍縮会議をきっかけに、いわゆる統帥権干犯《とうすいけんかんぱん》問題を起こした。

ロンドン軍縮会議が引き金となった統帥権干犯問題

ロンドンで海軍軍縮会議が開かれた昭和五年は、満洲事変の前年である。日本の抵抗にもかかわらず、軍縮の対象には主力艦に加えて補助艦や潜水艦までが含まれることになった。これは明らかに、アメリカの日本攻撃を有利にするための決定であると考えられた。

当時、想定されていたアメリカの対日攻撃計画は、主力艦を中心に航空母艦、巡洋艦、駆逐艦《くちくかん》が周りを取り巻き、直径何十キロもの大円陣を作って日本に迫るというものだった。実際にアメリカ海軍は演習を行なっていた。また日本海軍も、その大艦隊を小笠原《おがさわら》沖《おき》で迎え討つという想定を持っていた。

しかし戦艦の数からいっても、日本が必ず勝てるかどうか分からないほどの大艦隊である。そこで日本海軍のプランとしては、主戦場となる小笠原に近づくまでに、一隻でもアメリカの戦艦を減らそうと考えた。それは、第一次世界大戦で日本がドイツから委任統治領として受け取ったマーシャル群島やトラック群島の珊瑚礁《さんごしょう》の島々に、潜水艦を潜《ひそ》ませて攻撃するという苦肉のアイデアであった。ほかに選択肢は考えられなかった。

この計画で重要な役割を果たす潜水艦の数を条約で制限するということは、明らかに日本の作戦への妨害であると日本側では考えた。

しかし、当時の国際世論や英米両国との力関係などから、日本の首脳はロンドン条約を締結せざるをえないと判断した。ところが、代表団の帰国を待ち構えていたのは軍部の厳しい反発であった。

条約締結の責任者とされた濱口《はまぐち》雄幸《おさち》首相は東京駅構内で右翼の青年にピストルで狙撃され、重傷を負った。

しかも、これだけでは終わらなかった。海軍の軍備は、明治憲法第十一条および第十二条に規定された「統帥権」（軍隊の最高指揮権）にかかわることであり、天皇の専権事項だから、政府が勝手に軍縮条約に調印することは天皇の統帥権を干犯する憲法違反だと、軍部が政府攻撃を激しく行なうこととなった。濱口首相の暗殺の動機も、屈辱的ロンドン条約によって神聖なる統帥権が干犯されたと信じての公憤《こうふん》によるものとされた。

濱口首相の「統帥権干犯問題」についての議会答弁は立派なものであった。その要旨は次のとおりである。

明治憲法の第十一条、十二条はたしかに天皇の統帥権を明らかにしているが、十三条は天皇の外交大権を規定している。だからと言って、天皇が直接に外国との条約を決めているのではなく、外務省を通じて、つまり立憲制度の下の責任内閣を通じて外交を行なっている。統帥権についても同じではないか（天皇はルイ十四世〈注1〉でもフリードリヒ大王〈注2〉でもないのである）。

これは筋の通った立派なものである。しかし、当時の野党政治家（鳩山一郎《はとやまいちろう》、犬養毅《いぬかいつよし》など）はこれを政局の問題にし、マスコミもこれに乗った。日本の悲劇の始まりである。

こうした世論の動きを見て、ロンドン会議の五年前（大正十四年＝一九二五年）に四個師団を廃止され、軍縮を心配していた陸軍も共感した。そして陸軍も憲法を盾《たて》に「政府の言うことを聞く必要はない」という理由をこしらえたわけだが、それを関東軍はさらに拡大して「政府の言うことも、陸軍中央の言うことも聞く必要はない」としたのである。

東京にいる陸軍首脳は関東軍の暴走に激怒したが、それは元を質《ただ》せば、国家全体の指揮系統を乱した彼ら自身の責任なのである。

（注1）**ルイ十四世**（一六三八〜一七一五）　ブルボン朝最盛期の第三代フランス国王。太

陽王と呼ばれた。一六六一年に親政を開始、中央集権と重商主義政策を推進し、積極的に対外戦争を行ない、王権神授説を掲げて絶対君主制を確立。ヴェルサイユ宮殿を建設し、また「朕《ちん》は国家なり」という発言でも有名。

（注2）**フリードリヒ大王**（一七一二～一七八六）　フリードリヒ二世。第三代プロイセン（ドイツ帝国の前身）王。軍事と政治力、芸術的才能にすぐれ、啓蒙専制君主の典型とされる。

憲法上、軍部は政府の言うことを聞く必要はない

明治憲法の問題点については『明治篇』に詳述するが、重要な問題なのでここでも触れておきたい。

明治十年代に起こった自由民権運動（憲法制定、議会開設を訴える政治運動）に応えるものとして、政府は憲法の制定を約束した。その責任者には伊藤博文《いとうひろぶみ》が任ぜられた。が、具体的に研究してみると、そもそも君主がいないアメリカの合衆国憲法や、国王をギロチンにかけたフランスの憲法は何の参考にもならないのが分かった。参考になりそうに思えたイギリスには、成文法《せいぶんほう》（文章として書かれた法典）としての憲法がない。

そこで、鉄血宰相《てっけつさいしょう》ビスマルク（注1）を首相とする新興ドイツの帝国憲法を参考にし

ようと、伊藤はハプスブルク王朝のオーストリアのシュタイン教授、次いでビスマルクにアドバイスを求め、ベルリン大学のローマ法の教授であるルドルフ・フォン・グナイストを推薦された。

グナイストは大陸法に精通し、加えてイギリス法に詳《くわ》しかった。彼の『イギリス憲政史』全二巻はイギリスでも英訳され、最も信頼に値する類のない法制通史として尊重されていた。まさに掛け値なしに、当時、世界一の憲法学の大家《たいか》であった。

彼は、「日本は連邦制のドイツ帝国憲法ではなく、旧プロイセン（注2）憲法（一八五〇年制定。一八七一年のドイツ帝国成立で廃止）を参考にすべきであろう」とアドバイスし、伊藤博文に旧プロイセン憲法を逐一《ちくいち》講義して、次のような意見を述べている。

「行政権は国王や皇帝の根本的な権利であり、行政権を内閣に譲るような責任内閣制度はよくない」と。明治憲法には責任内閣の制度がなく、内閣の規定もなければ内閣総理大臣（首相）の規定もない。これも、グナイストの指導に基づくものだとみてよい。

こう書くと、明治憲法公布の四年前（明治十八年＝一八八五年）に内閣制度ができているではないか（初代首相は伊藤博文）と指摘するむきもあろう。たしかに、そのとおりである。だが、憲法公布以前から内閣制度があったという事実経過を見れば自ずと明白なように、内閣および首相の存在は明治憲法の条文に立脚したものではない。

明治憲法において規定された行政機関らしきものは、条文を子細《しさい》に検討しても、国務大臣（第五十五条）と枢密院《すうみついん》顧問官（第五十六条）だけしかない。枢密院顧問官は天皇の諮問《しもん》機関であり、行政に直接タッチするわけではないから、憲法上は国務大臣が個々に行政を行なうということになっている。

首相の権限が明示されていないのだから、首相とその他の国務大臣は法制上まったくの同権ということになる。実際、首相は大臣の首を切ることもできないし、大臣が一人でもゴネて辞職すれば内閣は潰《つぶ》れてしまうわけである。事実、明治憲法下では、そういったことがしばしば起こった。

行政府たる内閣に制度上しっかりした規定がないのだから、内閣が軍隊を指揮するという規定もない。もちろん、議会が軍隊を監督するという条文もない。

プロイセン憲法では、国王について定めた第三章の第四十六条で、国王は軍隊を統帥するという規定があった。やはり、日本の明治憲法でも第一章「天皇」の項目で（第十一条および第十二条）「天皇ハ陸海軍ヲ統帥ス」とあり、また「天皇ハ陸海軍ノ編成及《オヨビ》常備兵額ヲ定ム」とある。やはり、軍隊は国王あるいは天皇の指揮下にあって、行政府や立法府とは関係がなかったのである。

首相を中心とする内閣制度は、「幕府の如《ごと》きものになる」という怖《おそ》れもあったという。幕府を潰した人たちは、再び幕府のようになることを怖れ、政治の権力の座についた人たちは子供を政治家にしなかった。「政治家の世襲は幕府の如し」と考えたからである。

（注1）**オットー・フォン・ビスマルク**（一八一五～一八九八） ドイツの政治家。プロイセン王国首相としてヴィルヘルム一世の右腕となり、ドイツ統一は「鉄（武器）と血（兵士）によってのみなされる」（この言葉から鉄血宰相と呼ばれた）と主張して軍備を増強。普《ふ》墺《おう》（対オーストリア）戦争、普仏《ふふつ》（対フランス）戦争に勝利し、一八七一年、ドイツ統一を成し遂げた。ヴィルヘルム一世をドイツ皇帝に就《つ》けるとともに帝国初代宰相となり、保護関税政策によって国内産業を育成し、また外交にも手腕を発揮してヨーロッパの主導権を握る。一八九〇年、ヴィルヘルム二世と衝突して解任された。

（注2）**プロイセン** ドイツ北東部を占め、一七〇一年、ブランデンブルク選帝侯フリードリヒ三世（プロイセン国王フリードリヒ一世）を王としてプロイセン王国が成立。ドイツで最も強大な王国に成長し、普仏戦争の結果、ドイツ帝国を成立させてその中核となった。

第一次世界大戦後にはドイツ共和国の一州となり、第二次世界大戦後は「ドイツ軍国主義と反動の先鋒《せんぽう》」として州としても解体された。英語名はプロシア。

元老が死に絶えた不幸

今日の我々の目から見れば、きわめて重大な欠陥《けっかん》を含む憲法であった明治憲法が、制定当時は欠陥が露呈することはなく、それはそれでうまくいっていたのは元老《げんろう》制度のおかげであった。

元老制度とは憲法の規定にもない制度であるが、明治維新に直接参加し、功績のあった人たちの話し合いの場であった。そのメンバーは、伊藤博文、山縣有朋《やまがたありとも》、井上馨《いのうえかおる》、黒《くろ》田清隆《だきよたか》、松方正義《まつかたまさよし》、西郷従道《さいごうつぐみち》、大山巖《おおやまいわお》の七名であった（大正期に桂太郎《かつらたろう》と西園寺公望《さいおんじきんもち》が加わった）。

この元老たちが明治維新政府を明治天皇の下で興《おこ》したのであるから、当時の人々は、元老の意見は天皇の意見であり、天皇の見解は元老の見解である、と誰しもが考えていた。そして、この元老たちが国務大臣の首班、すなわち首相を推薦した。当然のことながら、首相は元老たちの眼鏡に適《かな》った人間であるから、元老と首相の意見が極端に食い違うことはなかった。

こういった事情から、天皇、元老、首相は一体のものであるという図式が全国民の頭のなかで成り立っていた。この一体感がある限りは、首相や内閣の指導力は磐石《ばんじゃく》であった。

日清戦争、北清《ほくしん》事変（一九〇〇年、義和団《ぎわだん》の乱を鎮圧《ちんあつ》するために八カ国連合軍が出動）、日露戦争、第一次世界大戦に当たっても、内閣が軍を指導し、終戦処理をしても、憲法上の問題は何一つ起きなかった。

ところが、アメリカからの人種差別や西進政策という東からの圧力、またブロック経済の圧力、さらに共産主義という西からの思想的圧力が襲いかかり始めた昭和初年の頃には、この元老たちはすでに死に絶えていたのである。

たった一人だけ残ったのは、大正時代に元老の仲間に入った西園寺公望で、こうなると、一人の元老の意見が天皇と同じだとは誰も思わなくなっていた。さらに憲法上、何の規定も持たぬ内閣のことを軍部が尊重しようと思わなくなったのも当然のことであった。軍部が軍事権の独立を主張して統帥権干犯問題を持ち出したり、あるいは内閣の存在を無視して満洲事変を始めたりするということが起きたのは、まさにここに原因があった。

戦後に書かれた小泉信三《こいずみしんぞう》（経済学者、教育者。今上《きんじょう》天皇の教育係を務めたことで知られる）の著書のなかにも、「山縣有朋（一九二二年死去）でも生きていたら、危機的な状況は回避できたかもしれないのに」といった主旨のことが書かれている。これは山縣有朋個人というよりも、天皇と内閣を繋ぐ制度として、元老会議が続いていたら明治憲法はちゃんと機能したであろうと言い直したほうが、より正確であろう。

第一次世界大戦の要因はプロイセン型憲法の欠陥

プロイセン、そしてその直系の子孫であるドイツ型憲法がきわめて危険なものであることは、ドイツにおいて当時、すでに証明されていた。

ドイツで元老に相当する役割を果たしたのはビスマルクであった。ビスマルク健在なりし頃は、彼が内閣の首班であり、彼の意見はたいていドイツ皇帝の意見と同じものとして通用した。だから、ビスマルク治下のドイツは旭日昇天《きょくじつしょうてん》の勢いを示した。

だが、一八八八年に即位したヴィルヘルム二世がビスマルクを遠ざけるようになった頃から憲法体制の弱点が噴出し始め、それは第一次世界大戦を惹《ひ》き起こすまでに至った。

第一次世界大戦は、いまもって原因のよく分からない大戦争とされている。第一次世界大戦直前のドイツの立場一つをとってみても、ロシアとの間に紛争はなく、イギリスとの紛争、フランスとの紛争も解決済みであった。

一九一四年（大正三）六月二十八日、サラエボ（現ボスニア・ヘルツェゴビナの首都）でオーストリア皇太子が、社会主義がかったセルビア人の不良青年によって暗殺されるという事件が起こった。これが通例、第一次世界大戦の直接の引き金とされているが、この暗殺事件は完全にオーストリア＝ハンガリー帝国のなかの揉《も》め事でしかない。せいぜい、セルビア王国とオーストリアの問題でしかなかった。そこには世界大戦に至るほどの理由は見出せない（歴史学者の原勝郎《はらかつろう》博士は、オーストリアがアルバニアを独立させたため、海への出口を失ったセルビアが過激になったと説明している）。

ところが、この問題で揉めているときに、愚帝とも言うべきドイツ皇帝ヴィルヘルム二世は、オーストリア＝ハンガリー帝国の内政に干渉するかのような発言をした。これに対して、近隣諸国はドイツの強大さを知っているだけに恐怖を感じ、過敏な反応を示した。ヨーロッパにはだんだん不穏《ふおん》な雰囲気が立ちこめていき、サラエボの暗殺事件とは関係なく、どんどん険悪な状況が生み出されていったのである。

一カ月後の七月二十九日にはロシアが総動員令を下し、英国は中立の要請を拒絶、同月三十一日にオーストリアが総動員令を、さらに翌八月一日にはフランスが総動員令を下した。

ドイツの名誉のために言っておけば、ドイツは最後まで総動員令を下さなかった。フランスより五分遅かったのである。

いったん総動員令を下してしまえば、あとは独り歩きを始める。どの国も戦争をしなければならない気分になって、第一次世界大戦は何となく始まってしまったのである。

繰り返すが、決定的な原因は大国間にはなかったのである。

もしビスマルクが健在で、ヴィルヘルム二世と一体となって行動していたらどうであったか。皇帝自らが他国の内政に干渉するかのような発言をすることもなかったであろうし、また仮にそうなったとしても穏便《おんびん》に問題を解決する途《みち》もあったであろう。

いや、ビスマルクほどの名宰相がいなくともよかったはずである。明確に規定された責任内閣の首相であれば、どんな平凡な政治家であってもこのような問題は起きなかったのである。

批判も改正も許されなかった明治憲法

第一次世界大戦は、満洲事変の十七年も前の話である。日本においても、なぜ世界大戦が起こったのかという研究が精密になされるべきであった。しかも、根本の原因がドイツ憲法の欠陥にあることに憲法学者たちは気づくべきであった。だが、その気配すらなかった。

しかし、これを責めるのは酷であろう。

明治憲法の成立史は長らく極秘とされ、明治憲法が旧プロイセン憲法を手本にしていたことも隠されていた。伊藤博文の秘書官であった伊東巳代治《いとうみよじ》が昭和九年（一九三四）に亡くなり、その書斎から憲法制定のプロセスを克明に記した文書が出て、そこで初めて分かったのである（昭和十四年＝一九三九年公刊、直ちに発売禁止）。

だから満洲事変の段階では、まだ憲法の欠陥問題を知るのは無理だったとも言える。ちなみにグナイスト教授の講義を伊藤博文とともに聴き、それを筆記したのは伊東巳代治であった。

だが、このような証拠がなくとも、それでも憲法学者たちは、比較憲法の手法でドイツ憲法と明治憲法が本質的に似ていることには気づいて然るべきであった。世界中の憲法学者はそれを知って指摘していたのである。

とはいえ、戦前の憲法は「不磨《ふま》（不滅）の大典《たいてん》」であって、憲法を批判したり、改正を言い出したりすることは不可能と言ってよかった。もちろん、憲法改正の手続きの規定はあった（第七章　補則第七十三条）。しかしそこには、改正の必要のある時には「勅命《チヨクメイ》ヲ以テ議案ヲ帝国議会ノ議に付スベシ」とあって、まず勅命がなければならなかったのである。

それでも憲法学者たちは、その欠陥に気づいていたのであれば、公《おおやけ》の形ではなくとも、枢密院議員とか政府の首脳だけには危険性を指摘しておくべきではなかったかと思われてならない。そうして憲法改正のための勅命が出るように行動すべきであった。

信頼を失った日本外交

さて問題を整理すると、昭和五年（一九三〇）前後、人種問題、ロシア革命問題、ブロック経済問題、軍縮問題など、すべての災《わざわ》いが日本に押しかかってきた時、明治憲法に内在していた欠陥がピシリとひび割れの音を立てて出てきたわけだが、その決定的な事件、それが統帥権干犯問題であると言うことができる。

満洲事変までは、日本は外交的には模範的な国であった。それまで日本が対外的に起こした行動は、すべて国際的に認められるものであった。

ところが昭和になると、日本の外交は何が何やらわからなくなってしまったのである。東京の政府が言うことと、シナ大陸にいる日本軍との行動が一致しない。シナ事変でも、政府が事変不拡大方針《ふかくだい》と言っているうちに陸軍は相手の首都を軍事占領してしまうし、満洲事変も中央政府の知らないうちに起こったことである。

日本の外務省が外国に言うことと、日本軍のやることがちっとも一致しないものだから、日本の外交政策に対する世界の信頼感は地に墜《お》ちた。これも、統帥権を振りかざし、軍部が独走して政府の与《あずか》り知らぬところで問題を起こし続けたためであった。「日本は二重政府《ダブルガバメント》の国か」と世界中が非難したのである。

軍に乗っ取られた日本の政治

統帥権干犯問題が起こり、文官でありながら陸軍大臣代行、海軍大臣代行も務め、文《ぶん》民統治《みんとうち》を最も進めた形で体験した濱口雄幸首相が襲われて重傷を負い、翌年に亡くなってからは、「パンドラの箱」の蓋《ふた》が開けられたようなものであった。

満洲事変や五・一五事件をはじめとして、未発に終わったものを入れれば、三月事件（昭和六年の陸軍青年将校によるクーデタ計画発覚事件）、桜田門《さくらだもん》事件（昭和七年一月に起きた朝鮮人による天皇暗殺未遂事件）、血盟団《けつめいだん》事件（昭和七年に起きた右翼団体のテロ事件）、神兵隊《しんぺいたい》事件（昭和八年に発覚した右翼のクーデター未遂）など、数えきれないほどの事件が起きた。大正デモクラシーから濱口内閣までに到達した文民統治は昭和五年を境に崩れ、物情騒然《ぶつじょうそうぜん》というべき時代になり、ついに昭和十一年（一九三六）の二・二六事件に至るのである。

二・二六事件は、社会主義的正義感に燃えた青年将校の起こした悲劇である。ロシア革命思想は、日本では天皇だけを崇《あが》める右翼革命思想により、極端な下剋上《げこくじょう》の風潮を一部に生じた。五・一五事件では犬養毅首相が殺されたにもかかわらず、犯人の海軍将校たちは最高で禁錮《きんこ》十五年であった。これは犯人たちを〝昭和維新の志士〟として減刑嘆願運動が盛り上がったためである。

この上位の人たちを殺すのが正義という下剋上思想が、社会主義的正義感として二・二六事件にまで至った。斎藤實《さいとうまこと》内大臣（海軍大将）、高橋是清《たかはしこれきよ》蔵相、渡辺錠太郎《わたなべじょうたろう》教育総監

（陸軍大将）などが、兵隊を指揮する青年将校たちに殺されたのである。これによって日本は良識派の斎藤や渡辺を失い、ユダヤ財閥と太いパイプを持っていた高橋を失ったのである。

二・二六事件後の廣田弘毅《ひろたこうき》内閣の時、陸軍と妥協する形で陸・海軍大臣および次官を現役の軍人とする勅令《ちょくれい》が出され、以後は軍部の賛成を得ない組閣は不可能となった。陸海軍大臣の現役軍人制の廃止は、山本権兵衛《やまもとごんのひょうえ》内閣の時の陸軍大臣・木越安綱《きごしやすつな》中将が、陸軍軍人としてのキャリアを棒に振って実現したものなのに、廣田によって再び現役軍人制に戻されてしまった。

つまり日本の政治は、二・二六事件の後始末のどさくさまぎれに軍に乗っ取られたのである。この意味で、日本の敗戦に至る魔の道筋を拓《ひら》いたのは廣田内閣であったと言える。

話が先走るが、ここで、以後の「リーダーシップなき日本」について語っておかなければならない。

昭和十二年（一九三七）の七月七日に盧溝橋《ろこうきょう》で日中両軍の衝突が起こり、いわゆるシナ事変は政府の不拡大方針にもかかわらず、全面戦争の様相を呈していく。かくして同年十一月二十日、大本営《だいほんえい》が宮中に設置された。時の第一次近衛《このえ》内閣は戦時内閣になったのである。

有名無実の「大本営」

政府が「不拡大方針」と国民や世界に言い続けているのに、出先の軍隊はどんどん戦争を拡大している。いったい、国の戦争指導はどうなっていたのであろうか。この時の「戦争指導」ほど、明治憲法の欠陥が露骨に出たことはない。そして、それは敗戦の日まで続くのである。

明治憲法第十一条の「天皇ハ陸海軍ヲ統帥ス」という条項に応ずる平時の制度は、参謀本部（陸軍）と軍令部（海軍）であった。難しく言えば、天皇の統帥権を行使するための輔翼《ほよく》（参謀総長・軍令部総長が天皇を補佐する）機関である。ところが戦時になると、大本営が設置される。これは参謀本部や軍令部と大幅に重なるが、同じではない。

すなわち、大本営は陸軍部と海軍部に分かれる。大本営陸軍部は参謀総長以下、参謀本部の主要人員から成る司令部組織に、統帥と軍政（明治憲法第十二条の天皇の陸・海軍の編成権にかかわる）にまたがる混成事項の輔翼者たる陸軍大臣が、陸軍省の主要人員を従えて加わったものである。簡単に言えば、大本営陸軍部とは参謀本部と陸軍省の共同機関であった。同様にして、大本営海軍部は軍令部総長と軍令部の主要人員に、海軍大臣が海軍省の主要人員を従えて加わったものである。

そして大本営は戦時の統帥機関であって、行政府である内閣も首相も、まったく関知しない機構であった。

大本営は戦時中に統帥と軍政を統合調整し、また陸・海軍の共同をスムーズにするためのものである。しかし、これは内外に対して最高統帥態勢を誇示《こじ》するのが主であって、大本営の執務場所は前のとおり、それぞれ参謀本部、軍司令部、陸軍省、海軍省であった。

つまり、大本営という一元《いちげん》機構に見えるものの実際は名前ばかりで、上記の四機関の仕事のやり方は、大本営が設置される前とほとんど変わらなかった。

一時期、参謀総長と軍令部総長が秘書を連れて午前中だけ宮中の一室で仕事をするという形を採ったこともあったが、電話も旧式でありファックスもなかった時代のこととて、部内の幹部要員などとの連絡が不便だったりして永続きしなかったという。つまり、日本は大本営を作っても参謀本部と陸軍省、あるいは陸軍と海軍が一元的な統帥をしたわけではなかった。

大本営のかかわることは統帥権の分野のことであり、それは戦場の戦略、つまり「用兵作戦」である。これに対して、政府が外交・内政で行なうのは政略である。この戦略と政略の両者を統合調整することは「戦争指導」と呼ばれていた。今日では「国家戦略」「大戦略」と呼んでいるものである。

戦略は大本営が担当し、政略は政府が受け持つことになるが、この両方を合わせた「戦争指導」はどこがやるか、ということが問題になる。

アメリカなら大統領、イギリスなら首相、ナチス・ドイツなら総統、ソ連なら書記長である。いまの日本なら首相であるが、明治憲法では天皇御一人《ごいちにん》だけであり、「戦争指導」に関する固有の輔翼（参謀総長・軍令部総長が天皇を補佐すること）・輔弼《ほひつ》（大臣が天皇を補佐すること）の機関はなかった。法制上のどこにも規定されておらず、また慣行的《かんこうてき》にもどこにも存在していなかった。

日華事変から大東亜戦争へと、日本は当時の流行語に従えば全体戦《トータルウオー》に突入した。戦うのは戦場の軍人だけではない。銃後《じゅうご》を守る婦人も工場の工員もみんな戦っているのだ、というのが全体戦である。女工員も産業戦士などと言われた。まさに全体戦の時代であるからこそ、政略と軍略を統合調整する戦争指導が必要なのに、それをやる人は名目上、天皇になっているだけで、実は誰もいなかったのである。

陸軍大臣一人がゴネただけで内閣が潰れるような制度では、首相にそんな大それたことができるわけはない。軍人がいくら威張《いば》っても、国家戦略には外交も内政も産業政策もある。それなのに、日本は政略と戦略の統合者はいなかった。それどころか、戦略のなかでも、陸軍と海軍の意見をまとめられる人もいなかった。

こんな国がずるずると大戦にすべり込んで行った場合、どうなるか。何らの法的根拠のない便宜的《べんぎてき》な機関でも作るより仕方がない。こうしてできたのが「大本営政府連絡会議」(大本営と同時に設置)である。

命令系統なき戦争指導こそ昭和最大の悲劇

実体のない組織だから、「連絡会議」なのである。その連絡するための会議が日本の戦争指導に当たることになったのだから、〝禍《わざわい》なるかな〟と言うべきであった。

明治の頃は憲法を作った当人たちが元気で生きていたから、政府が戦争指導の実権を握っていることに疑念はなく、軍人は戦略に、つまり用兵作戦に専心すればよかった。

これは日清・日露の両役、第一次世界大戦、シベリア出兵までは問題がなかった。

しかし、統帥権干犯問題が出てからは、「戦略」の担当者は「政略」の担当者とまったく同権、あるいはそれ以上と思い込むようになった。同権である機関の間には命令系統は成立しえず、したがって連絡しあう、つまり根廻しをしたり、談合したりするより仕方がないのである。命令系統のない戦争指導――これこそ、昭和が体験した最大の悲劇なのである。

大本営連絡会議が国家の最高意思決定機関であるとすれば、内閣との関係はどうなるか。明治以来、政略の最高意思決定を行なうのが政府であることは明らかであり、法令や詔勅《しょうちょく》はすべて国務大臣の副署を必要とする（明治憲法第五十五条）。つまり、法律や勅令の形になるものはすべて閣議決定を必要とする。

閣議がこの連絡会議の決定に反対したらどうなるか。大臣は明治憲法に明記された地位と権限を持ち、天皇を輔弼することになっている。連絡会議などというものは憲法のどこにも書かれていないし、法律のどこにも規定されていない。そんな得体の知れない連絡会議の決定に従うのはいやだ、という大臣が出たらどうなるか。

理論的には内閣が潰れる。しかし、連絡会議のメンバーでない閣僚の単独辞職で内閣を潰した例はなく、かえって皮肉なことには、メンバーの陸軍大臣の辞職で内閣が潰れたことが一度あった。この例外を除けば、連絡会議の決定事項は、統帥に関するものを除いて、もう一度、閣議決定のための別個の議案が作成された。これはまったく形式的なものであり、単なる手続きにすぎず、反対する大臣は一人もいなかったのである。

つまり、昭和十二年(一九三七)十一月に「大本営連絡会議」ができてから、戦争に関しての閣議の決定は、実質上は何もなかったことになる。

統帥権に〝復讐〟された軍部

大本営政府連絡会議は、名称を小磯《こいそ》(國昭《くにあき》)首相が昭和十九年八月五日に最高戦争指導会議と変える前も後も実体は同じであるから、指導力は一向になかった。

たとえば、昭和十八年(一九四三)の二月にはガダルカナル島からの敗退があり、四月中旬には連合艦隊司令長官・山本五十六《やまもといそろく》大将がブーゲンビル島上空で戦死ということがあり、この年の後半から急に日本の危機が感じられるようになった。

戦局の展開が、ソロモン群島上空の日米航空決戦によって決まるということは、軍首脳の誰にも分かってきた。そして、傾いてきた日本の態勢を建て直す唯一の方法とは、零戦を中心とした海軍航空隊に全資材を集中し、反攻してくるアメリカ軍を押し返すことができるほど強化することであった。

これを実行に移すため、翌昭和十九年（一九四四）の一月に陸軍大臣、海軍大臣、参謀総長、軍令部総長の四者会談となったが、陸軍と海軍は航空機生産のための資材の配分比率をお互いに譲ろうとせず、結局、それまでどおりの山分けに終わった。

資材は同量でも海軍機のほうが平均的に重いので、機数からいえば、陸軍機二万六千四百機、海軍機二万四千四百機と、海軍機のほうが二千機も少ない勘定になったからおかしい。陸軍と海軍が対立したら、それをまとめるリーダーはいなかったのである。

昭和十九年の段階において、陸軍機の出る幕はほとんどなくなっていた。アメリカ軍はすでにマーシャル群島からさらにトラック、パラオなど内南洋《うちなんよう》諸島の攻撃に移っていた。七月にはサイパンの守備隊が玉砕《ぎょくさい》し、マリアナ沖諸島では海軍は航空部隊の大部分を失った。しかし、そうなる危険は一年ぐらい前から予想されていたのである。それなのに、対策を立てることができなかった。陸軍と海軍が軍需資材の配分で争う時に、誰がそれを調停し、緊急度のランク付けをすることができたであろうか。

政府と軍が対立した時は、統帥権を持ち出せば軍が勝った。特に陸軍はそうして一種のリーダーシップを発揮してきた感があった。しかし、陸軍と海軍が対立した時はどうなるか。両方とも統帥権を持っているわけだから、陸軍も海軍に対しては、政府に対するように文句は言えない。せいぜい、「いままでどおりにしましょう」と言えるぐらいのものである。戦場がマーシャル群島に及んだ時点でもそんな具合だったのである。

統帥権干犯問題によって、陸軍は政府からリーダーシップを奪ったが、何と統帥権干犯問題はその陸軍からもリーダーシップを奪っていたのだった。軍といっても陸軍と海軍があり、いずれも対等ということになっていて共通の長を持たなかったからである。当時の首相は陸軍大将・東條英機《とうじょうひでき》であり、彼は陸軍大臣も兼ねていた。その彼も海軍に命令することはできない。

しかし、航空機の資材配分問題のあと、東條首相はいくらかでもリーダーシップの一元化をしようと努力した。その結果、昭和十九年(一九四四)二月二十一日、東條首相は参謀総長・杉山元《すぎやまはじめ》を辞めさせて、自分がその職を兼ねた。つまり、首相、兼陸軍大臣、兼参謀総長となった。

そして、海軍のほうも嶋田繁太郎《しまだしげたろう》海軍大臣が永野修身《ながのおさみ》軍令部総長のあとを受けて、軍令部総長を兼任した。このように、軍政と統帥は陸軍でも海軍でも完全に一人になった。

しかし、根本問題は解決されなかった。東條首相はこのほかに、内務大臣や軍需大臣や文部大臣や外務大臣や商工大臣をも兼ねたりしたが、海軍大臣と軍令部総長だけは兼任できない。

現役の陸軍大将は、どうしても海軍大臣や軍令部総長にはなれないのである。かくして統帥権干犯問題は陸軍大将で陸相と参謀総長を兼ねた首相をも、リーダーシップで躓《つまず》かせたのだ。

サイパン島陥落《かんらく》の約十日後に東條内閣が総辞職した時（昭和十九年＝一九四四年七月十八日）、組閣《そかく》の大命は朝鮮総督であった小磯國昭陸軍大将に下った。当時の新聞は小磯・米内《よない》連立内閣と言っていたと思う。「必ずしも関係が円滑《えんかつ》に行なわれていない陸軍と海軍の協力を一層緊密にするため、小磯陸軍大将に米内光政《みつまさ》海軍大将と協力して組閣するようにとの大命が下った」という主旨の解説がなされていた。

陸軍と海軍の対立関係などについて何も知らない中学生だった私は、こうした新聞の解説からちょっと奇異な印象を受けた記憶がある。そして陸軍大臣は杉山元、海軍大臣は米内光政、参謀総長は梅津美治郎《うめづよしじろう》、軍令部総長は及川古志郎《おいかわこしろう》となったが、本質的にリーダーシップはどこにもない、という点においては同じことである。

そして小磯内閣は、フィリピンで敗れ、硫黄島《いおうとう》を玉砕させ、東京を焼かれ、沖縄戦のさなかに倒れ、海軍大将・鈴木貫太郎《すずきかんたろう》に組閣の大命が下った(昭和二十年四月)。海軍大臣は米内光政が留任し、軍令部総長は豊田副武《とよだそえむ》になり、陸軍大臣は阿南惟幾《あなみこれちか》、参謀総長は梅津が留任した。しかし、事態は少しも変わらなかった。

問題は人にあるのでなく、リーダーシップが発揮できなくなった国の体制そのものにあったのだから。

大帝国を造ったローマ人の格言に、principia, non homines《プリンキピア・ノン・ホミネス》(大切なのは原則であって、人ではない)というのがある。原則が確立していなければ、どんな人物が出てきてもどうしようもないのである。

ここに名前の出たような人たちは、いずれも愛国心においても、統率力においても、立派な人たちであった。しかし、意見の対立があったら調整・統合する人が制度的に存在しないことになっている政府で、何ができたであろう。

茶飲み話のような「最高戦争指導会議」

このような状況が続けば、誰でも無気力になるであろう。この頃の日本の首脳たちの姿を、怒りを込めて書いた文章がある。

「作戦指導の思想的食い違いがあった上に、統帥首脳の日々の仕事ぶりはまた、後世までの笑い草であった。毎朝毎朝、長々しい事務的戦況報告や、形式的会議に貴重の時間を空費《くうひ》しながら、春風駘蕩《しゅんぷうたいとう》、あたかも外国の戦況でも研究している姿であった。いわゆる国務と統帥の具体的な調節、陸海軍の兵力、戦場、時機、方針の決定等について根本的な焦眉《しょうび》の大問題が山と積もるほど積もっていた。ところがサイパンが取られても、レイテが駄目になっても、マニラに米軍が入城しても、沖縄が怪しくなってきても、わが大本営の最高首脳たちは何の反応も示さなかった。最高戦争指導会議の諸公は、艀人夫《はしけにんぷ》の加配米《かはいまい》の量を研究したり、関釜《かんぷ》（下関《しものせき》と釜山《ふざん》）連絡船に貨車積みができるかどうかを検討したりして日々を送っていた。沖縄にわが最後の運命をかけるかどうかというようなことも、参謀本部、陸軍省、軍令部あたりの逆上した下僚たちによって方向づけられ、本土決戦、沖縄放棄の声は、滔々《とうとう》と勢をなして防ぎとむるすべもなかった」（高木惣吉《たかぎそうきち》『終戦覚書』弘文堂アテネ文庫12・昭和二十三年）

この小著に示された高木海軍少将の憤り《いきどお》は激しい。元来、敗戦後間もなく雑誌『世界』に書いた追想記に手を入れたもののことであるが、敗戦からまだ時間があまり経っておらず、記憶が生々しい間に書かれただけに、その込みあげるような痛憤の念が読む者にも伝わる。

しかし、最高戦争指導会議のメンバーは、何も艀人夫の配給米の量や、関釜連絡船に貨車が積めるかどうかなどという末梢的《まつしようてき》なことを議論したかったわけではないであろう。しかし、重大なことで何が議論できたであろうか。

陸軍と海軍では作戦に対する考え方が違っていた。二つの統帥部の考えの違うことは議論しても無駄だし、誰もリードできない。真剣に議論に参加できるのは、艀人夫に米をどれぐらい多く配給してやるかぐらいのことになる。

毎日のように特攻隊が飛び立ち、戦艦大和《やまと》まで、援護する戦闘機もなく出撃し、日本の都市が焦土化しつつある過酷な戦局の時に、最高戦争指導会議のメンバーたちが、隣組の常会《じようかい》か、老人クラブのお茶飲み話程度の話しかしていなかったのは、まさにそれ以上のことはできなかったからである。

昭和五年に出てきた統帥権干犯問題は、あたかも広がりゆく癌《がん》細胞の如く、日本の政治機構を確実に侵《おか》してきて、ついに統帥部そのものまで動かなくしてしまったのである。いわば、国家の統治機関の骨髄《こつずい》にまで病巣《びようそう》が及んだ形になったのだ。

これを治癒《ちゆ》させるには強力な放射線治療しかない。日本国民にとって、特に広島や長崎の人々にとって、まことに不幸なことであったが、まさにその強力な放射線は原子爆弾によって与えられたのである。

第5章
満洲建国の必然性

関東軍出動は居留民保護のため

統帥権干犯《とうすいけんかんぱん》問題以降、軍部、とくに陸軍は政府を無視して暴走を続けることとなるのだが、この陸軍の危機意識の根底には、アメリカの西進政策がますます露骨になってきたことがあった。具体的にはハワイ（一八九八年）、グアム（同年）、フィリピン（一九〇二年）と、米国領は西へ西へと拡大し、日本まではあとわずかであった。また、ブロック化が世界中で進めば、日本が必要とする石油やゴムや鉄などの戦略物資が入ってこなくなるわけで、軍はそれを極度に恐れた。

満洲国の建国（昭和七年＝一九三二）は、このような危機的状況の解決策として考え出されたものであった。そこでまず、満洲とは何であったかということについて詳しくみてみたい。

政府の言うことも聞かず、暴走した関東軍の責任は重い。しかし、彼らが満洲で行なったことが、はたして後世言われるようにすべて〝侵略行為〟であったかと言えば、それは違うのではないか。

陸軍の暴走という面を抜きにして考えれば、満洲国の建国自体については——私はその建設の首謀者であった石原莞爾《いしはらかんじ》（一八八九〜一九四九。陸軍軍人）と同郷のせいもあって、子供の時から聞かされることが多かったが――、今も昔も、満洲国の建国自体は悪いことだったと考えたことはない。

満洲国皇帝となった溥儀《ふぎ》（一九〇六〜六七）は言うまでもなく、辛亥革命《しんがいかくめい》（一九一一〜一二）によって退位させられた最後の清《しん》朝皇帝である（溥儀の生涯は、映画『ラストエンペラー』に描かれて話題になった）。辛亥革命と言っているが、正確に言えば、シナ民族の満洲族王朝に対する独立運動であった。

退位後、北京《ペキン》や天津《テンシン》を流浪《るろう》したとき彼が考えたのは、自分の民族である満洲族の皇帝として祖先が暮らした満洲の地に帰りたいということであった。後述するが、蔣介石《しょうかいせき》の軍隊によって先祖の墓が荒らされ、しかも陳謝さえなかったことで、その思いはますます深くなった。

このように彼が思うに至ったのは不思議ではないし、彼の血筋を考えれば、満洲国の皇帝になるというのは、いかなる意味でも当たり前の話である。

ここで再確認しておきたいのは、満洲は歴史的に見てシナ固有の領土ではないという事実である。たしかに満洲は清朝の一部であった。しかし、これは清朝を建てた女真《じょしん》族

（満洲族）が満洲の出身であったからにすぎない。本来、シナ人（漢民族）と満洲人はまったく別の民族なのであり、別の言語系統に属している。万里の長城以北の土地がシナ人の領土ということは、常識的に言ってもおかしいのだ。

だから溥儀の考えは、別の言葉に言い換えるとすれば、少数民族が独立し、民族自決を行なおうということであった。これは当たり前の話である。民族自決主義は、第一次世界大戦後のヨーロッパの大原則であったではないか。

東京裁判では、満洲事変以後の日本の行動はすべて侵略と決めつけられたが、この当時の日本軍の行動は、当時の先進国と呼ばれた国ならどこでもやっていることである。それなのに、同じことを日本がやれば侵略で、欧米がやれば侵略ではないという理屈がどうして成り立つのであろう。

そもそも、当時の満洲で日本が軍事行動を起こしたことについては、国際法上、何の問題もないのである。というのも、第一に日露戦争後のポーツマス条約において、日本はロシアから南満洲における権益を譲られている。これは当時の清国政権も承認したことであって、何も不法に満洲に入っていたわけではない。しかも、満洲にいた日本人が満洲事変当時、シナ人によって危険な状況に追い込まれていたのも動かしがたい事実である。

この頃のシナ大陸は軍閥が割拠し、また中国共産党もいて乱れに乱れていた。しかもアメリカの排日政策に勢いを得て、シナ人の間には排日・侮日《ぶにち》の気運が高まっており、ことあるたびに日本人に危害を加えていたのである。

その一例を挙げれば、満洲事変が始まる三カ月前の昭和六年（一九三一）六月には、視察中の現役陸軍将校がシナ兵に殺されるという事件が起きている。さらにそれから一週間も経たないうちに、今度は満洲の万宝山《まんぽうざん》でコリア人（当時は日本人）の農民とシナ人農民の衝突があって、コリア人たちが中国官憲の弾圧に遭うという事件があった。

この事件は満洲全土の日本人に危機感を与えたし、また『朝鮮日報』で誇大に報道されたためにコリア全土で反シナ暴動が起き、平壌《ピョンヤン》では百人以上のシナ人がコリア人に殺害された。

関東軍が満洲事変を起こした目的は、このような危機的状況を解決するために、シナの軍隊や匪賊《ひぞく》を満洲から排除することにあった。現地の居留民に危害が及んだ場合、本国政府が彼らの安全を守ろうとするのは、今日の世界でも当たり前に行なわれていることである。そして、そのために軍隊が出動するというのは、当時の国際社会では広く認められたことであった。

北清《ほくしん》事変のとき、北京や天津にいた居留民を守るために、イギリスや日本などの連合軍が出動したのもその一例である。このときの連合軍は清国軍隊と交戦しているわけだが、当時、それを侵略だと言った人はいない。現在でも、パナマにいるアメリカ人の生命や財産に危険が及べば、アメリカ政府は相当強硬なことを行なうであろうし、またアメリカの世論は沸騰《ふっとう》するはずである。

それと同じように、関東軍はコリア人を含む日本人居留民の安全を守るために実力行使をしたのであって、これは外交上、特に非道なことをやったとは言えないのである。

満洲建国は文明的な解決策

しかも、関東軍は満洲を制圧したまま居座ったわけではない。満洲地方の安全を維持するため、溥儀を迎えて満洲国を作った。これも当時の国際常識から言えば、非常に穏《おん》健《けん》な方法である。

北清事変においても、義和団《ぎわだん》と清軍を制圧した連合軍は、事後処理として清国に対して賠償金を課し、また条約を作って二度と同様のことが起きないように約束させた。このときの事後処理と同じことである。

もし、居留民保護を口実にして関東軍がそのまま満洲占領を続けていれば、それは外交上、多くの問題を引き起こしたであろう。火事場泥棒のようなもので、弁護の余地はない。侵略と言われても仕方がないことである。

そのいい例が、満洲事変の十六年前の一九一五年にアメリカがやったハイチ侵攻である。このとき、アメリカは「米国人居留民を守る」という口実でハイチを武力制圧し、そのまま十九年にわたって占領し続けた。これはどんなに言い繕《つくろ》ったところで、侵略であろう。さらに言えば、その前にアメリカは日清戦争の三年後にハワイを併合し、その翌年にはフィリピンを手にしている。

だが、関東軍は十九年も居座らなかった。満洲事変からわずか一年後に、満洲国の建国宣言が行なわれたのである。これは事後処理としては決して悪くないし、民族自決の観点から言えば、むしろ筋の通った話である。

前述のように、満洲という土地は本来、シナの領土ではない。この地方は元々、清国を作った満洲族（女真族）の故郷であり、シナの本流である漢族が所有権を主張できるようなところではない。

しかも、当時の満洲は極端に人口密度が少なかった。英語で言うところの〝ノーマンズ・ランド〟で、高宗《こうそう》（注1）の時代より「封禁《ふうきん》の地」としてシナ人が勝手に入ることを禁じていたが、文宗《ぶんそう》（注2）の咸豊《かんぽう》十一年（一八六一）にこれを解いた。とくに日露戦争以後、治安もよくなり、日本人のみならず、シナ人やモンゴル人が急速に流入していた。きちんとした政権が存在しないままこのような大量流入が続けば、土地の所有権などを巡って必ずや国際紛争が起こるはずである。

満洲に満洲族の本来の皇帝である溥儀が来て統治者となるアイデアは、民族自決のみならず、国際紛争を未然に防ぐという面でも優れたものであった。たとえばアメリカが西部開拓において、「もともとこの土地はインディアンのものだから」ということで、インディアンの酋長《しゅうちょう》が治める自治国を作っただろうか、ということを考えてみればいい。無論、アメリカは今日に至るまで、そんなことを一度たりともやっていない。

これに対して、日本軍は満洲に満洲族の自治国家を作ろうとした。どちらのほうが〝文明的〟であろうか。

（注1）**高宗**（一七一一〜一七九九）　清朝の最盛期における第六代皇帝。乾隆帝《けんりゅうてい》。外征を

積極的に行ない、ジュンガル、台湾、インドシナなどに遠征。チベットにまで帝国の版図《はんと》を広げた。学術を奨励し、「四庫全書《しこぜんしょ》」などを編纂《へんさん》させた。

（注２）**文宗**（一八三一〜一八六一）　清朝第九代皇帝。咸豊帝。在位中、内政では太平天国《たいへいてんごく》の乱、外圧ではアロー戦争（第二次アヘン戦争）に苦しみ、清朝の弱体化が顕著になった。

日本の保護を求めた溥儀

ただ問題であったのは、満洲国の独立という溥儀の希望を、日本の軍部が日本の政府の意向に添うことなく独走して強引に実現させてしまったという点にある。

アメリカにおける日系移民差別政策に対しては何もできず、ひたすら英米の意向を重視した幣原《しではら》外交が、大陸に住んでいる日本人の生命財産や日本の利権を軽視する傾向があったことはたしかであり、これに対して現地の日本軍（関東軍）が見切り発車してしまったのが実情であると言えよう。

もし軍部が独走せず、日本の政府が主体となって国際政治の舞台で上手に根回しして、諸外国の承認のもとに満洲国の独立を援助していたら、話はまったく変わっていたであろう。

少なくとも、満洲民族にとっては幸福であったろう。現在のように中国の支配のなかで、少数民族としてまったく消滅しかかっている運命は辿《たど》らずに済んだかもしれない。現在の満洲族は、チベット族よりも危うい運命にある。このことを知っている人は多いが、なぜか口に出したがらない事実である。

他国の独立問題に口出しするのは好ましくないという理想論もあろう。だが現代でも、少数民族の独立を大国が援助することは頻繁《ひんぱん》に行なわれているし、倫理的に非難されたという話も皆無《かいむ》に等しい。

たしかに満洲国は、日本の傀儡《かいらい》国家であった。だが、これも国際慣例からすればそう珍しいことではない。現在でも、モナコ公国は外交権をフランスに委《ゆだ》ねているが、だからといってモナコ公国をフランスの傀儡政権と呼ぶ人はいまい。外交権や軍事権を日本が預かったということを非難するのであれば、同様に大英帝国も非難されねばならない。大英帝国はオーストラリアやニュージーランドの宗主国《そうしゅこく》ということで、これらの国々の外交権や軍事権を長い間、預かっていたではないか。

さらに言えば、戦後のアメリカはパナマのノリエガ将軍を武力で追い出し、親米的な指導者を据えた。また、ハイチに侵攻してセドラ司令官を追放し、アリスティド大統領を復帰させている。そして、発見されることのなかった大量破壊兵器の所有を理由にイラクのフセイン政権を倒した。大義名分は「民主主義の回復」であっても、これは親米的な傀儡政権を作っていることにほかならない。

しかも、溥儀は無理矢理に皇位に就《つ》けられたのではない。彼は自らの意思で満洲国皇帝になったのであり、それを傀儡国家呼ばわりするのは溥儀の意思をまったく無視している。

かつて溥儀は宣統帝《せんとうてい》として清国を治めていたが、辛亥革命（シナ人の独立運動）が起きたために退位を余儀なくされる。その代わり、退位の条件として、紫禁城《しきんじょう》内に暮らすことが許され、また生活も保証されていた。

ところがそうした約束は守られず、一九二四年（大正十三）、国民政府内部でクーデターが起こったのをきっかけに、彼は紫禁城から追い出されてしまったのである。このとき、彼が逃げ込んだのは北京の日本公使館であった。といっても、日本政府が溥儀を招いたのではない。彼の個人教師を務めていた英国人レジナルド・フレミング・ジョンストンが、「北京なら日本公使館が最も安全だ」と勧めたからである。

このジョンストンは、のちに『紫禁城の黄昏《たそがれ》』という手記を書いた。これは、当時の溥儀の姿を知るための第一級資料と言ってもいい本である（邦訳は祥伝社黄金文庫。岩波文庫からも出ているが、これは意図的な削除が大量になされた悪質な訳書で、原著の意義が損なわれている）。

この本によれば、「溥儀を保護してくれるのは日本公使館が最もいい」というのは、ジョンストンだけの意見ではなかった。イギリス公使も、彼の判断に賛成したという。かくも当時の日本は、列国から信頼されていたのである。

日本の芳澤謙吉《よしざわけんきち》公使はジョンストンからの突然の依頼に当惑したらしいが、危険を冒《おか》して公邸に転がり込んできた溥儀を保護することにした。

といっても、溥儀に対して日本政府はあくまでも慎重であった。日本としては、溥儀を国民政府との駆け引きの道具に使うこともできたのだが、それを徹底的に避けたのだ。当時の日本外交の基本方針は、中国との協調にあったからである。日本政府は、流浪《るろう》の身になった溥儀を一度も日本に招待しなかったし、それどころか溥儀に対して、「日本を訪問するとか、満洲の日本租借地《そしやくち》に行くようなことは絶対に困る」と告げている。溥儀自身もその時点では、再び皇帝の座に戻ることや満洲に行くことは考えていなかったから、これは問題なかった。

東京裁判における溥儀の虚偽証言

ところが、退位から四年後の一九二八年（昭和三）、溥儀の心を大きく揺り動かす事件が起こった。北京にあった清朝帝室の墳墓《ふんぼ》が、国民政府の兵士たちによって荒らされたのである。しかも、ダイナマイトで墳墓を爆破し、埋められている宝石や財宝を盗むという荒っぽいやり方であった。当然ながら、溥儀の先祖たちの遺体や棺《ひつぎ》は、この爆発でバラバラになった。

この墳墓荒らしには、軍高官も絡《から》んでいたという。ところが、国民政府は実行犯を形式的に罰しただけで、首謀者の罪を不問にした。しかも溥儀に対しては、悲しみも遺憾《いかん》の意も伝えなかった。

清朝において、一族の墓はある意味で日本以上に重いものがある。それを壊しておきながら何もしない国民政府を見たときから、溥儀の心は変わったようである。すなわち、戦乱が続くシナを去り、自分の先祖代々の王朝である清朝発祥の地・満洲に帰ることを望むようになったのだ。

このような溥儀の決心がなければ、いかに関東軍の将校といえども満洲国は作れなかった。満洲国はたしかに傀儡政権ではあったが、溥儀はただのお飾りではない。

その頃、満洲には皇帝と称する軍閥が五つぐらいあった。しかし溥儀が満洲に来ると、彼らは文句なく溥儀を皇帝に戴《いただ》くことに同意したのである。誰もが溥儀を満洲の正統《レジチメイト》の皇帝と認めていたのだ。そして、溥儀は彼なりに満洲の地に自民族の国家を作りたかったのである。そこのところを見落として満洲国を傀儡国家と呼ぶのは、満洲族に失礼な言い方であろう。

満洲国の大臣は首相以下、すべて満洲人か清朝の忠臣たちであった。実務は日本人が担当することになったが、これは当時としては仕方がない。満洲人の軍人や官僚が育つのを待つ方針であった(同じことは朝鮮でもすでに行なわれて、県知事に相当する人はコリアンのなかから出ていたし、将校も出てくるようになっていた)。

東京裁判において溥儀は、満洲国建国の意思は自分になく、日本軍に命じられて否応《いやおう》なく皇帝になったのだと証言した。真っ赤な嘘である。そのように証言しないと殺すと脅されたからに違いない(彼は敗戦後、ソ連に囚《とら》われていた)。

溥儀が父祖の地である満洲に戻り、皇帝になりたがっていたことには一点の疑いもない。ジョンストンの『紫禁城の黄昏』なども動かしがたい証拠であるのに、東京裁判では却下《きやつか》された。却下しなければ、日本の軍人を裁くことができないからだ。

ジョンストンは自分が教え、かつ愛した溥儀が、自分の民族の発祥地たる満洲で皇帝になったことを心から喜んでいた。彼は死ぬまで、自分の書斎に満洲国国旗を掲げていたのである。

また、溥儀を皇帝にしようという清朝系の人たちの運動を、当時、「復辟《ふくへき》運動」と言っていた。このような日本で馴染《なじ》みの少ない表現があったことも、当時の状況を示す一つの証拠となろう。しかし、復辟運動の存在を認めることは満洲国の正統性を認めることである。岩波文庫の『紫禁城の黄昏』では、運動に関係のあった人名を、ジョンストンの序文から勝手に削除している。歴史に対する何たる歪曲《わいきよく》であろうか。

日本が主張した「アジア・モンロー主義」

さらに日本の立場から見ても、勢力圏を拡大し、権益を増やすというような帝国主義的な理由だけで満洲国建国に手を貸したわけではない。その成立の経過には問題があったが、日本には日本なりの〝大義〟があったからこそ、当時の帝国議会も政府も、満場一致で満洲国を承認することになったのである（当時はまだ政党政治は健在だったし、満洲族の皇帝として溥儀が正統性《レジテマシー》を持っていることを、当時の日本人は常識として知っていたからである）。

また当時の世界の情勢から見て、満洲の独立を歓迎した国民的世論が生じた第一の理由は、世界中に吹き荒れる大不況とブロック経済化の波をどうやって凌《しの》ぐかという問題である。

すでに述べたように、こうした世界経済の大変動を受けて、当時の日本では失業者が溢《あふ》れていた。このような人たちを救うためには、どこかに新天地を求めて生活が成り立つようにするというのが、当時の経済常識である。

かつてヨーロッパの多数の失業者が救いを求めて移住したのが南北アメリカ大陸であったように、日本の失業者にも移住先が必要だと考えられた。そこで日本人移民に友好的な満洲国の出現は、大変な福音《ふくいん》に思われた。当時の満洲は前述のとおり、人口密度が甚《はなは》だしく低く、一種の〝ノーマンズ・ランド〟と世界的に認識されていたからである。

もしアメリカが日本人移民をシャットアウトしていなければ、別の展開もありえたであろう。しかし現実には人種的偏見のために、アメリカは白人移民は受け容れても、日本に対して扉を閉ざしてしまった。「それならば、われらは満洲を目指す以外にない」と日本人が考えたのは当然のことである。

もちろん、自分の国の排日移民法のことを棚に上げて、アメリカは日本を強く非難した。彼らは彼らで、シナの大地が欲しかったからである。

これに対して日本が主張したのは、「アジア・モンロー主義」ということであった。つまり、「アメリカはモンロー主義を標榜《ひょうぼう》して、ヨーロッパ諸国が米大陸に干渉してくることを拒否してきた。また、我々もモンロー主義に反対しなかった。それと同じように、アメリカにもアジアのことに干渉してほしくない」というのである。

この理屈が、今日から見て正統なものであるか否かは別として、アメリカに満洲のことを言う資格があるかという詰問《きつもん》は、まことに筋が通っている。

また、日本に友好的な国家が満洲にあることは、ソ連および共産主義イデオロギーの南進圧力に対抗するうえでも非常に助かることであった。満洲に親ソ的な政権ができれば、日本もコリアも風前《ふうぜん》の灯《ともしび》になる。それは、誰の目から見ても明らかであった。

ちなみに、満洲国建国についてアメリカは、満洲事変の勃発から四日後の昭和六年（一九三一）九月二十二日に国務長官スチムソンの名で、九カ国条約（注1）違反であると抗議した。一方、イギリスが翌昭和七年一月十一日に「アメリカと共同の対日通告の必要はない」と声明し、同年六月二十二日にはリンドレー駐日英国大使が「九カ国条約は満洲に対して、その独立宣言を禁ずるものではない」（傍点・渡部）というイギリス政府の見解を伝えたうえで、「九カ国条約は調印国に、そのようなこと（満洲国独立）を奨励するようなことはしない義務を課した」ことを指摘して、日本政府の慎重な動きを求めた。初めから強硬なアメリカの態度に比べると、イギリスの態度はまことに柔軟で妥協的である。

九カ国条約について言えば、これには条約の有効期限がない（普通は、たとえば日英同盟条約のように「期限を十年として、また見直すこととする」などが通例である）。期限がない条約には、状況変化による脱退が認められる。この九カ国条約が締結された時、ソ連は参加しておらず、極東における共産党の活動も大したものはなかった。また、中国は条約に違反して対日ボイコットや軍事増強を継続したので、状況は大いに変化してしまった。日本が九カ国条約に拘束され続ける義務は消えていたのである。

それにまた、イギリスは満洲事変が日本人居留民の保護のために行なわれたことを知っていたからである。また、シナにおけるイギリスの利権さえ侵害しなければ、満洲国はソ連南進の防波堤にもなるからかえって好都合だ、という判断もあったようである。

さらに日清・日露戦争以来の日本の権益についても理解があったからだろう。

また、満洲国の調査のために国際連盟から派遣されたリットン調査団（注2）も、その報告書のなかで「日本の侵略とは簡単に言えない」という主旨の結論を述べている。ジョンストン博士の『紫禁城の黄昏』がもう三年早く出版されていたら、リットン調査団自体が不要になっていたのではないだろうか。

さらに蔣介石の国民政府は、国際連盟など外交の舞台では日本を非難したけれども、実際には兵隊を一人として動かさなかった。これは「もともと満洲はシナ固有の領土ではない」という認識から、日本軍がそこから出てこない限りは満洲国を黙認してもよいと判断したからだ、と伝えられている。

したがって、その後の日本政府と日本軍部の連繫《れんけい》がよければ、歴史の流れは別になっていたであろう。

（注1）**九カ国条約**　一九二二年（大正十一）二月六日にワシントン会議で調印された、シナにおける中華民国の主権尊重、門戸開放、機会均等などの原則を定めた条約。狙いは日本のシナ進出の抑制にあった。日、米、英、仏、伊、ベルギー、オランダ、ポルトガル、中華

民国の九カ国が調印。

（注2）**リットン調査団**　一九三二年（昭和七）、国際連盟日支紛争調査委員会から派遣された、イギリスの第二代リットン伯爵、ヴィクター・ブルワー・リットンを団長とする調査団の通称。リットン卿のほか、仏、伊、独、米より調査委員が参加。三カ月にわたって満洲を調査。同年十月に「リットン報告書」を公表した。

「五族協和」の理想を掲げた満洲の繁栄

満洲国は独立後、目覚ましい発展を遂げた。かつてノーマンズ・ランドであったところが、あっという間にアジア大陸のなかで最も繁栄した地域に一変した。これは、いかに満洲国を認めない人でも否定できない事実である。

治安も大いに改善されたので、満洲には日本やコリアのみならず、シナ本土や蒙古《もうこ》からもどんどん移民が入ってきた。これは、満洲国を評価するうえで忘れてはならない事実であろう。移民というのは、強制すれば入ってくるというものではない。やはり、そこに行けば生活が向上する可能性があり、また生命の安全も保たれるというのでなければ、誰も行かないのである。

満洲国のスローガンは〝五族協和《ごぞくきょうわ》〟、つまり満洲民族、漢民族、蒙古民族、朝鮮民族、日本民族が共存共栄するというものであったが、移民の実態を見る限り、この理念は見事に実現しつつあったと言わざるをえない。朝鮮半島における反日運動は、見事に姿を消した。むしろ、大陸でシナ人に殺害されるコリア人の件数の多さが目を惹《ひ》くようになる。コリア人は日本人と見做《みな》されていたから、彼らの保護のために日本軍が動く機会が増大した。

しかも満洲の繁栄は、日本をも凌ぐところがあった。たとえば南満洲鉄道（満鉄）は世界全体を見渡しても、これほど近代的な鉄道はなかったであろう。高速列車が作られ、その運行も整然としていた。また、首都・新京《しんきょう》（長春《ちょうしゅん》）や奉天《ほうてん》（瀋陽《しんよう》）といった都市は見事な開発がなされて、日本から訪れた旅行者を感嘆させた。

この満洲に入った日本人のなかには、民族的偏見を持った質《たち》の悪い人がいたかもしれない（それはアメリカやオーストラリアなどに入ったイギリス人移民にも、ろくでなしが混じっていたのと同じことである）。しかしその一方で、五族協和の理想を信じて入植した人も多かったはずである。

ローマ教皇庁のバチカンをはじめ、世界の独立国の半分近い二十数カ国（いまと違って独立国の数は少なかった）がその独立を承認した満洲国は、日本帝国の敗戦とともに十数年で消えてなくなったから、その正当な評価は難しいことではあるが、ある種の理想に基づいて作られた正統性のある国家であることは間違いない。

この国を傀儡国家として忘却してしまうのは簡単なことだが、現実の問題として、いまや満洲族自体が地球上から消えかかっていることを忘れてはならない。同じ中国領内の少数民族でも、チベットに対しては世界の注意が向いているが、人権に敏感なはずのアメリカも満洲は忘れている。いや、忘れざるをえないというのが正解であろう。満洲族のことを口にした途端に、アメリカは自国の間違いを突きつけられることになるからだ。

第6章

葬られたシナ事変の真実

悪しき先例となった満洲事変

満洲の居留民保護および満洲国建国は欧米的な意味での〝侵略〟ではなかったが、それが政府のコントロールを受けずに進んだということは、きわめて悪《あ》しき先例となった。

元はと言えば、明治憲法のなかに首相や内閣のことが書かれていなかったために、「我々は政府の指図を受けないでいいのだ」と軍が主張し始めたことに端《たん》を発《はっ》していることは先に述べた。

この「統帥権《とうすいけん》問題」が明らかになってからというもの、軍のなかでは〝下剋上《げこくじょう》〟の雰囲気が急に強まった。つまり、大義のためなら上官の言うことに逆らってもいい、という雰囲気が若手将校のなかに広がったのである。

満洲事変は、そのような〝下剋上〟の雰囲気が生み出したものであったが、この暴走に対して政府も軍首脳も、きちんとした形で彼らを処罰することができなかった。統帥権の問題があるから、政府は強い態度に出られない。また軍の首脳も、自分自身が〝下剋上〟をしているという弱みがあるから、何も言えないのである。

この満洲事変を見て勢いづいたのは、軍内部にいた国家社会主義者たちである。五・

一五事件が満洲事変の翌年（昭和七年）に起きたのは、決して偶然ではない。彼らは「憂国の心があれば首相を殺してもいいのだ」という理屈で、この事件を起こした。まさに〝下剋上〟である。このときも、日本は首相を殺害した首謀者《しゆぼうしや》たちを極刑《きよくけい》にすることができなかった。

そして、この五・一五事件に味をしめて行なわれたのが、二・二六事件であった。これが、不況打開のために天皇を戴《いただ》いた国家社会主義の政府を作るという〝大義〟を掲げていたことは、すでに述べたとおりである。

このときは、たしかに首謀者や実行犯たちが多数死刑になった。しかし、それは〝下剋上〟が否定されたからではない。もはや軍にとって、〝下剋上〟が必要なくなったからにすぎない。皇道派《こうどうは》が一掃されたあとの統制派《とうせいは》の軍人は、合法的手段で国家改造を目ざす社会主義者であった。五・一五事件や二・二六事件のようなテロを起こさなくてもよくなったのだ。

二・二六事件で反乱軍が首都を占拠し、政府高官が暗殺されるのを見て、日本人は挙げて震え上がった。軍の意向に逆らっては命が危ないのが、誰の目にも明らかになったのである。

中国共産党が仕組んだ盧溝橋事件

実際、二・二六事件以後、軍の意図《いと》に逆らうような政治家は、ごく一部の例外を除いていなくなり、日本は国家社会主義への道を驀進《ばくしん》することになった。昭和十二年（一九三七）に始まるシナ事変（日華事変）は、こうした状況のなかで起こったことである。

政府をまったく無視して日本軍がシナ大陸で戦争を始め、誰もそれを止められなくなったというのは、まことに遺憾《いかん》な出来事であった。明治憲法の欠陥が、ついに日本を戦争に引きずり込んだのである。

だが、このシナ事変の発端《ほったん》が、出先の日本軍が仕組んだ〝侵略〟であったかと言えば、これは違う。敗戦後に連合軍によって行なわれた東京裁判は、日本を悪と決めつけるために行なわれたものであったから、「シナ事変の一連の出来事は、すべて日本軍の陰謀で起こされた」という主旨の判決が出た。そして、その結論がそのまま戦後の歴史観に反映された。しかし、事はそう単純ではない。

それは、シナ事変の発端となった盧溝橋《ろこうきょう》事件にしても同じである。事件の経過は次のとおりであった。

事件は昭和十二年七月七日の夜十時、盧溝橋に駐屯《ちゆうとん》していた日本軍の一個中隊に向けて、何者かが発砲したことから始まった。周囲に中国軍（国民政府軍）が駐屯していたから彼らが発砲したのではないかと思われたので、日本軍は軍使を派遣することにした。ところが翌八日の早朝四時、再び日本軍に向けた発砲事件が起こった。さすがにこのとき、日本軍は戦闘態勢に入るのだが、事件が拡大することを恐れて、直前で攻撃を中止する。すると今度は、日本軍が攻撃を始めたと思ったのか、中国軍が攻撃を開始した――これが、盧溝橋事件勃発《ぼつぱつ》の真相であった。

この経過を見てもわかるとおり、盧溝橋にいた日本軍には武力衝突を起こそうという姿勢はまったくない。実際、発砲を受けた中隊は、その直前に夜間演習を行なっていたのだが、誤射事故が起こるのを恐れて実弾を装塡《そうてん》していなかったという。そればかりか――これは褒められたことではないのだが――、彼らは鉄兜《てつかぶと》すら被《かぶ》っていなかったのである。

つまり、これは日本にとってはまったくの偶発事件であったし、また事件勃発後も、これを拡大して全面的な中国との武力対決に広げようというつもりはなかった。それは事件から四日目の七月十一日に、事態収拾のために現地協定が成立したことでも分かるであろう。

さらに盧溝橋事件については、戦後になって重大な事実が明らかになってきた。

それは、この事件が中国共産党の仕組んだワナであったということである。つまり、日本軍と国民政府軍の衝突を意図的に作り出し、両勢力を弱めて毛沢東《もうたくとう》が「漁夫《ぎょふ》の利《り》」を得ようとしたのだ。盧溝橋の国民政府軍のなかに中共軍のスパイが入り込んで日本軍に向けて発砲したということは、公刊された中国側資料のなかに記述されているし（中村粲《なかむらあきら》『大東亜戦争への道』展転社）、また、日本側でも盧溝橋事件直後、中共軍司令部に向けて「成功せり」という緊急電報が打たれたのを傍受《ぼうじゅ》したという証言が出されている（『産経新聞』平成六年九月八日夕刊）。

重要なことは、東京裁判も盧溝橋事件の論告とそれに基づく審査を途中でやめてしまったことである。この事件の発端をよく調べると、責任が日本軍になかったことが明らかになるからだ。

やはり、日本軍は盧溝橋事件に「巻き込まれた」のである。

これに対し、「そもそも、そんなところに日本軍がいたこと自体が悪いのだ」という意見が日本で見られる。しかし、日本軍部隊は条約によって駐留を認められていたのだ。

現在でも、日本や韓国には条約によってアメリカ軍が駐留している。このアメリカ軍に対し、暗夜に発砲すれば、事件が起こっても当然であろう。盧溝橋事件はそれと同じであり、また事件発生から四日後に現地協定が成立したのは褒《ほ》められてよいことであった。

歴史から消された通州事件

シナ事変が、日本の一方的な〝侵略〟ではないことを示す最も象徴的な出来事が「通《つう》州《しゅう》事件」である。この恐るべき虐殺事件は、盧溝橋の事件の約三週間後に起こった。

この通州事件については、戦後、ほとんど語られなくなった。なぜなら、この事件のことを言い出すと、「中国は善玉、日本は悪玉」という構図が崩壊してしまうからである。ためしに、手元にある歴史書や年表で通州事件のことを調べてみるといい。ほとんどの本には載っていないし、あったとしても、その事件の本質をごまかして書いている。

現在、最も詳しい近代史年表とされている岩波書店の『近代日本総合年表』は八百ページを超える大冊であるが、昭和十二年の項に通州事件のことは一行も書かれていない。おそらく、意図的に省いたのであろう。七月二十八日まで書いてあるのに、翌二十九日に起きた事件について一言も触れていない。また同年十二月十四日に、冀《き》東《とう》政府（北シナに成立した政府）が殺された人の弔慰金《ちょういきん》百二十万円を払ったことにも一行の記述もない。

岩波書店が『紫禁城《しきんじょう》の黄昏《たそがれ》』（岩波文庫）においても、事実を歪《ゆが》める悪質な改変を行なっているのは前述したとおりである。そのようなことを行なう出版社が、通州事件のことを年表から省いていても何ら不思議ではない。

昭和十二年（一九三七）七月二十九日、北京《ペキン》の東方にあった通州で、シナ人の保安隊（冀東防共自治政府軍）による大規模な日本人虐殺事件が起こった。殺されたのは通州の日本軍守備隊、日本人居留民（多数のコリア人も含む）の二百数十名であり、中国兵は婦女子に至るまで、およそ人間とは思えぬような方法で日本人を惨殺《ざんさつ》した。

東京裁判において弁護団は、通州事件について外務省の公式声明を証拠として提出しようとしたが、ウェッブ裁判長によって却下された。この事件に触れると、シナ事変は日本ばかりが悪いと言えなくなってしまうという判断があったのは言うまでもない。

ただ、通州事件の目撃者三人の宣誓口供書《せんせいこうきょうしょ》だけは受理された。あまりに残虐な内容であるけれども、その一つ、元陸軍少佐の証言をあえて引用したいと思う。

「守備隊の東門を出ると、数間《すうけん》ごとに居留民男女の死体が横たわっていた。某飲食店では、一家悉《ことごと》く首と両手を切断され、十四、五歳以上の婦人は全部強姦《ごうかん》されていた。旭軒という飲食店に入ると、七、八名の女が全部裸体にされ、強姦射刺殺され、陰部に箒《ほうき》を押しこんである者、口中に砂を入れてある者、腹部を縦に断ち割ってある者など見るに堪《た》えなかった。東門の近くの池では、首を電線で縛り、両手を合せて、それに八番線を通し、一家六名数珠《じゅず》つなぎにして引廻した形跡歴然たる死体が浮かんで居り、池の水は真っ赤になっていた。夜半まで生存者の収容に当たり、『日本人はいないか』と叫んで各戸ごとに調査すると、鼻に牛の如く針金を通された子供、片腕を切られた老婆、腹部を銃剣で刺された妊婦などが、そこここの塵箱《ちりばこ》の中やら塀の蔭から出て来た」(朝日新聞社法廷記者団『東京裁判』東京裁判刊行会・中巻。読者の便を考え、読点を増やした)

これが人間のやることだろうか。シナの史書には、生きたまま人の皮を剝《は》ぐとか、あるいは手足を切り落とすというようなことが多数、書いてある。日本人からすれば、とうてい信じ難《がた》い話であるが、この証言を読むと「あの記述はやはり真実であったのか」と思わざるをえない。

当然ながら、こうした虐殺の報は現地の日本軍兵士を激昂《げきこう》させたし、日本にも伝わって、国民のシナに対する怒りは頂点に達した。

盧溝橋事件はまったく軍同士の衝突であり、それは現地で解決を見た。ところが、この通州事件は明白な国際法違反であるし、その殺し方はまったく狂気としか言いようがない。当時の日本人の反シナ感情は、この事件を抜きにして理解することはできないのである。もしアメリカ人の市民が百人以上もこんな殺され方をされたら、クリントンが大統領だろうが、オバマが大統領だろうが、アメリカがどんな行動を起こすか想像してみたらよい。

計画的・組織的だった邦人居留民虐殺

では一体、彼らは何のためにこのような虐殺《ぎやくさつ》を行なったのか。これについては、戦後、通州事件のことをタブーにする風潮があったためにまだ細部は明確になっていないが、少なくとも通州の日本人（コリア人も含む）には何の責任もないのは間違いない。

東京裁判で通州事件のことが話題になったとき、これを不利な材料と見た人たちは「あの事件は、そもそも日本軍が通州の保安隊施設を誤爆したからだ」と言い立てたが、これはまったくの嘘である。

たしかに、虐殺事件の直前に誤爆事件があったのは事実である。

盧溝橋事件が現地協定で休戦になったにもかかわらず、北京周辺では国民政府軍が日本軍に対して攻撃をしかけるという事件が何度も起こった。これをやったのが通州にいた国民政府軍の部隊であったから、日本軍はこの部隊の兵営を爆撃することにした。

ここで説明しておきたいが、当時のシナ大陸は国民政府のほか、各地に自治政府が乱立して非常に複雑な事態になっていた。この通州でも同じである。通州を支配していたのは親日的な冀東防共自治政府で、だからこそ日本人の居留民が住んでいたのだが、同じ通州には反日的な国民政府軍の駐屯地《ちゆうとんち》もあったのである。

ちなみに、冀東というのは河北省《かほくしよう》東部を指す。満洲事変のあと、日本側と中国側が塘《タン》沽《クー》で停戦協定を結んだ。これが塘沽協定で、東京裁判でもパル判事はこれを満洲事変の終結であるとしている。その後も国境附近での問題が起こるので、冀東地方の二十二県（人口六百万以上）の非武装地帯が国民政府から独立した政府を持つことになり、首府は通州とした（のちに唐山《とうざん》に移す）。

こうした複雑な状況が不幸な誤爆を生んだ。というのは、関東軍の爆撃機が、国民政府軍の兵営を爆撃するつもりで、その隣りにあった通州の保安部隊の施設を誤爆したのだ。この結果、数名の保安隊員が死亡した。

だがこの誤爆事件は、直ちに関東軍の責任者が冀東政府の高官を訪問して陳謝したので一件落着となった。関東軍は遺族のところにも足を運んでいるし、また保安隊をも訪問して、事情を説明して理解を求めている。事後処理に手落ちはない。

だから、誤爆事件が虐殺事件の引き金になったという見方は事実ではない。そもそも、誤爆程度のことで住民全体を虐殺したというのであれば、それは保安隊の神経のほうがおかしかったということになるではないか。

それでは、なぜ通州の保安部隊が日本人居留民を襲ったか。

要するに、誤爆事件以前から、彼らは反日側に寝返って虐殺をやる気でいたのである。国民政府に寝返ったという説もあるし、中国共産党に寝返ったという説もある。しかし、誤爆以前から通州の虐殺が計画されていたという点では、どちらの説も一致している。

近年、出版された中国側資料でも、その事実は明記されているという。それによると、彼ら保安隊員は口実を作って、まず日本人居留民らを通州城内に集合させ、そののち城門を閉めて虐殺を行なったらしい(中村粲・前掲書)。

それにしても、事前に住民虐殺を計画して実行するというセンスは、いったいどこから生まれてくるのであろうか。

たしかに、戦場において一部の日本兵はシナ人に対して暴虐な行為をしたかもしれない。しかし組織的に、しかも事前に準備してから虐殺を行なうようなことは一度もなかった（「南京事件があるではないか」という読者がいるだろうが、それがまったくのナンセンスであることは後述する）。

進歩的な歴史家や文化人たちは、日本人であるのにこのような事実を故意に隠して、日本がシナを一方的に攻撃していたと言い続けていたのである。

蔣介石の〝戦争犯罪〟第二次上海事変

通州で虐殺が行なわれる一方、上海《シャンハイ》でも日本人の生命に危険が及んでいた。いわゆる第二次上海事変であるが、この戦闘は蔣介石《しょうかいせき》軍のほうから始めたものである。

これも例によって、戦後の東京裁判史観では「日本が蔣介石軍に対して攻撃をしかけた」ということになっている。しかし、実際に上海にいた日本の軍隊は、居留民を守るために海軍陸戦隊がいただけであり、これに対して、蔣介石軍は上海攻撃のために正規軍十個師団を配置して日本に圧力をかけた。まさに日本にとって圧倒的に不利な状況で、この一事を見ただけでも、日本が〝侵略〟したというような話でないのは明らかである。

上海事変については、トレヴェニアンの『シブミ』（菊池光《きくちみつ》訳、早川文庫）というベストセラー小説が、その実態を見事に書き尽くしている。この作品はまったくの娯楽小説ではあるけれども、当時の上海のことをこれだけ分かりやすく書いた本はない。私は友人に奨《すす》められて読んでみたのだが、「西洋人（作者はいわゆる覆面作家で、その経歴はいっさい不明）がなぜ、ここまで当時のシナ事情を的確に理解できているのか」と驚嘆した記憶がある。

それは、私だけの感想ではなかったようである。小堀桂一郎《こぼりけいいちろう》氏（東京大学名誉教授）も、この小説の記述が史実的に極めて正確であることを考証して、「作者はどんな史料を使っているのか。もしや自ら昭和十二年夏の上海を体験した人物ではあるまいか」という感想を記されているほどである（小堀桂一郎「アメリカ大衆小説の日本像――トレヴェニアンとは何者なのか」『比較文学研究』〈東大比較文学会〉六三号）。

この上海事変で蔣介石が狙ったのは、「日本がシナを蹂躙《じゅうりん》している」というイメージを作り出し、国際世論の同情を集めようということであった。そして、あわよくば一緒に戦ってくれる第三国が出てくれないかとも考えていた。

世界の注目を集めるために、蔣介石は一般市民を犠牲にすることさえ厭《いと》わなかった。欧米からの求めに応じて日本側が上海から撤退することにしたあとに、何が起きたか——そのことを、トレヴェニアンは次のように書いている。

「しかし、八月十二日に中国側は日本総領事館と商社の電話線を切断した。その翌日、十三日、金曜日に、中国軍第八十八師団が北停車場に到着して、租界から外に通じる道路をすべて遮断《しゃだん》した。それは、ごく少数の日本軍と自分たちの間の緩衝《かんしょうよう》用にできるだけ多くの一般市民を閉じ込めておくのが狙いであった。

八月十四日にアメリカ製ノースロップ機に乗った中国軍パイロットが上海を盲爆《もうばく》した。高性能爆弾の一弾がパレス・ホテルの屋根を貫いた。別の一弾がカセイ・ホテルの表の路上で爆発した。七百二十九名が死に、八百六十一名が負傷した。三十一分後にべつの中国機が女性と子供の避難所になっていた大世界娯楽センターを爆撃した。千十二名が死に、千七名が負傷した」(この引用文に出てくる固有名詞や死傷者の数は、小堀教授の検証によれば、きわめて正確なものであるという)。

蔣介石軍は、一般市民が逃げられないように道路をすべて封鎖し、しかも民間人がいるに決まっているホテルなどを爆撃したのである。

一説によると、蔣介石はあえて外国人の被害者を出すことで欧米を日中戦争に引きずり込もうとしたと言われるが、そのようなことで無差別爆撃をやったとすれば、これこそ〝戦争犯罪〟と呼ぶべきものではないか。

いずれにせよ、上海事変においても、日本が一方的に攻撃を開始したという東京裁判の歴史観はまったく成り立たない。

シナ事変の背後にいたソ連とドイツ

八月十三日に蔣介石軍の攻撃が始まり、海軍陸戦隊（アメリカの海兵隊とは違い、本格的な陸戦の装備を持っていない。居留民保護のための便宜的《べんぎてき》な軍隊である）だけでは日本人居留民を護りきれないことが分かったので、日本は八月十五日に陸軍の派兵を決めた。その任務は、「……上海並びにその北方地区の要線を占領し、帝国臣民を保護すべし」（傍点・渡部）というものであった。すなわち、通州の惨劇《さんげき》を繰り返してはならないということである。

盧溝橋で始まった事変は北支《ほくし》事変として収束《しゅうそく》に向かったが、本格的な「シナ事変」（のちに日華事変と改称）は昭和十二年（一九三七）八月十三日の上海地区における中国側の攻撃に始まったというのは定説と言ってよいであろう。

駐日大使でもあったライシャワー教授の言葉にも、その主旨のことがあった。また、世界的に話題になったユン・チアンとジョン・ハリデイ共著の『マオ』（講談社）の第十九章は、八月十三日の中国軍の上海地区での攻撃が「シナ事変」の本当の始まりであることを明快に説いている。ただ、ここでの戦いは蔣介石が望んだのではなく、京滬《けいこ》警備（南京・上海防衛隊）司令官の張治中《ちようじちゆう》という共産党の将軍が始めたとしている。

張治中がソ連諜報《ちようほう》組織の上級幹部で、満洲の反日スパイをも動かしていたことは、奉《ほう》天《てん》（瀋陽《しんよう》）の日本軍憲兵にも知られていた。張治中は、日本の陸戦隊約四千人が日本人居留民を守っているところに約五万の大軍で攻撃してきたのである。そこで翌八月十四日、日本政府は急遽《きゆうきよ》第三師団と第十一師団を上海に派遣することを決めたのである。この陸軍派遣部隊が上海付近に上陸したのは八月二十三日であり、それまでの十日間の海軍陸戦隊の奮戦は特記に値する。

上海戦線には、中国が十年も前からドイツの参謀将校を招いて作った陣地と武器が待ち構えており、上陸した日本陸軍は日露戦争の旅順攻略戦のような人員の被害を受けたのであった（詳しくは阿羅健一《あらけんいち》『日中戦争はドイツが仕組んだ』小学館・参照）。

国民政府が上海地区にトーチカや機関銃陣地などをドイツの参謀将校の指示に従って配備し、日本軍を誘い込んで殲滅《せんめつ》しようとしていたことは明らかである。満洲事変において、二十数万のシナ兵が一個師団そこそこの関東軍に追いまくられて満洲から逃げ出した時、シナ人は落ち込んだ。ところが、その直後に起こった上海事変では日本軍を苦しめることができた（「爆弾三勇士」の話があったのもこの時のことである）。それでシナ人は元気が出た、と二十数年、シナに滞在したアメリカのジャーナリストのパウエルは書いている。

蔣介石はこれにヒントを得た。北シナのような平原では日本軍に歯が立たない。しかし、クリークなどが自由に作れる上海地区に、第一次欧州大戦で近代的な陣地戦を経験したドイツの参謀将校を招いて、堅固《けんご》な陣地を作ってから日本人居留地区に攻撃をしかけ、その応援に来た日本軍を殲滅することなら可能であると蔣介石は考えたのである。

これは半ば正しかった。そこの日本人居留民の保護に急派された日本軍は、それまで経験したことのないほどの将兵の死傷者を出したのである。この上海での戦闘にケリをつけたのは、杭州湾《こうしゅうわん》に急いで派遣された第十軍（柳川平助《やながわへいすけ》中将）が上海戦線の背後を衝《つ》いたからであった。

いまからみて残念に思うのは、こうした陣地があり、その利用を蔣介石が考えていたことを日本軍が事前に知らなかったことである。日本陸軍上層部のインテリジェンス（諜報活動）の怠慢《たいまん》と言うべきであろう。

第7章 「南京大虐殺」の幻影

軍規を徹底させた南京攻略

盧溝橋《ろこうきょう》で始まった日中両軍の衝突は、通州《つうしゅう》、上海《シャンハイ》と飛び火していき、全面戦争の様相を呈してきた。それらはすべて、国民政府軍が主導権を握った形で進んだ。日本軍は「適当なところで収束させたい」と常に考えていた。それが昭和天皇のご希望であることが知られていたので、初めから思いきった作戦を立てることはなく、受身的に戦争拡大に引きずり込まれたと言ってよい。一方、国民政府のほうに、この戦争を止める気はないのも明らかであった。

そこでシナの日本軍が考えたのは、首都・南京《ナンキン》を攻略することであった。柳川平助《やながわへいすけ》中将の第十軍を杭州湾《こうしゅうわん》に上陸させたため、上海の背後を衝《つ》かれる形になった中国軍は総崩れになり、日本軍は一挙に南京を目ざした。

ユン・チアンの『マオ』によれば、上海戦線で精鋭なる七十三個師団四十万人以上を投入した中国軍はその大部分を殲滅《せんめつ》され、蔣介石《しょうかいせき》の虎の子の空軍のほぼ全部と軍艦の大部分を失った。日本側も約四万の犠牲を出した。日本としては、首都を占領してしまえばさすがに国民政府も和解に応ずるのではないかという期待があったのである（だが、南京占領でも戦争は終わらなかった。蔣介石は和解交渉を拒絶し、また、日本側も近衛《このえ》首相が「国民政府を対手《あいて》にせず」と声明し、和平の道を閉ざしてしまったからである）。

そこで日本軍は南京に進撃したわけであるが、こともあろうに、これを見た蔣介石ら国民政府の首脳部は、二十万人近くの市民を置き去りにしたまま、夜間、脱出してしまった。

さらにこのとき、蔣介石は南京防衛を唐生智《とうせいち》将軍に任せたのだが、何と、この将軍も南京陥落前夜、密かに脱出しているのである。つまり、日本軍が南京を陥落せしめたときには、この城のなかには責任者と呼べるような敵の将軍がいなかったのである。

一方、攻略側の日本軍はどうであったかと言えば、これはまことに慎重であった。そもそも南京城を包囲しても、日本軍はすぐに攻撃をしなかった。その前に、籠城《ろうじょう》している国民政府軍に対して投降勧告《とうこうかんこく》を出し、彼らが拒否したのを確認してから攻撃したのだ。

また、南京攻略戦を前に松井石根《まついいわね》将軍は全軍に訓令を出した。内容としては、「日本軍が外国の首都に入城するのは史上初めてのことであるから、後世の模範となるような行動をするべし」ということで、軍規を徹底的に守れということが細かく書かれていた。

日本軍が南京攻略に当たって慎重を期したのは、当時の国際社会がみな日中の戦争に注目していたからである。蔣介石によって上海で多数の外国人居留民が殺されているのだから、なおさらである。

この当時、シナ大陸にはたくさんの外国人ジャーナリストがいた。彼らは決して日本に同情的な人ではない。もし、ここで少しでも日本軍の落ち度を報道されるようになれば、国際社会における日本の評判がさらに落ちてしまうであろう——松井将軍が全軍に軍規の徹底を呼び掛けたのは、そうした判断があったからだ。

さて、南京攻略は、昭和十二年(一九三七)十二月十日から始まった。最初、国民政府軍の抵抗は激しかったが、すでに述べたように、途中で唐生智将軍らが脱出してしまったこともあり、彼らの戦意は急速に衰え、日本軍は十三日には城内に入ることができた。正式に入城式が行なわれたのは十七日のことである。

「南京大虐殺」説の怪

ところが、このようにして行なわれた南京攻略戦に対して、敗戦後、突如として「南京大虐殺」という言いがかりがなされたのである。何と、この戦いで日本軍は三十万人のシナ人を殺したというのだ。

この〝大虐殺〟が最初に言われたのは、言うまでもなく東京裁判の法廷であった。東京裁判で主張された「南京大虐殺の真相」なるものは以下のとおりである。

①南京落城直後の数日で、非戦闘員の中国人が少なくとも一万二千人殺害された。

②占領後、一カ月の間に約二万の強姦《ごうかん》事件が起こった。

③同じく六週間にわたって略奪・放火が続けられ、市内の三分の一が破壊された。

④降伏した中国兵捕虜《ほりょ》三万人以上が殺された。

⑤占領後、六週間で殺された一般人・捕虜の総数は二十万から三十万人に上る。

敗戦後、これを聞かされた日本人の多くは話を真《ま》に受けてしまった。ミッドウェー海戦後の戦時中の大本営発表がいかに出鱈目《でたらめ》であったかはすでに有名だったから、「こういうことがあってもおかしくない」と考えたのは無理もない。

じつは、私もその一人であった。しかし時間が経つにつれて、「南京大虐殺」には不審なことが多すぎるのではないかと思うようになった。しかも、その思いは募《つの》る一方である。

そこで、なぜ私が南京大虐殺を疑うようになったか、その理由をいくつか紹介したいと思う。

なぜ誰も「虐殺」を知らなかったのか

理由の第一としては、「仮に南京大虐殺が行なわれていたとしたら、なぜ日本人は戦後になるまでの長い間、誰も知らなかったのか」ということである。

これには二つの可能性が考えられる。一つは徹底的な報道管制を敷いて報じさせなかったという可能性で、もう一つは日本軍が虐殺の現場をいっさい隠して誰にも見せなかったという可能性である。

まず前者のほうだが、報道管制の可能性は限りなくゼロに近い。なぜなら、報道管制が行なわれるようになったのはもっとあとになってからであり、当時は戦争報道に関してはほぼ自由であったからだ。

これは、南京入城に際して百人以上の記者やカメラマンが同行していることでも明らかであろう。この記者のなかには、外国人ジャーナリスト五名も含まれている。また、多くの日本人ジャーナリストや作家が、陥落直後の南京を訪れて見聞記を書いている。大宅壮一《おおやそういち》、西條八十《さいじょうやそ》、草野心平《くさのしんぺい》、杉山平助《すぎやまへいすけ》、木村毅《きむらき》、石川達三《いしかわたつぞう》、林芙美子《はやしふみこ》といった面々がそれだが、報道管制を敷くぐらいであれば、最初から彼らを入れなかったはずである。しかも、これらの人々が戦後、「南京虐殺見聞記」という本を書いたとか、あるいは大虐殺の証言をしたという事実もない。

また、戦後になって、日本の大新聞で「南京大虐殺の証拠写真」なるものが発表されたことがある。しかし、これらの写真はすべてインチキ、あるいは虐殺と何ら関係ないことがわかり、いまでは使われなくなった。それは累々《るいるい》と横たわる死体や、中国兵を日本兵が殺しているところを撮ったものであったが、よくよく調べてみたところ、中国兵が馬賊《ばぞく》を殺したときの写真であったり、あるいは戦後に作られた映画のトリック撮影であったりしたことが判明したのである。

では次に、虐殺の現場を彼らに見せなかったという可能性はどうであろうか。こちらも、ほとんど考えられないことである。

というのも、南京の面積は東京の世田谷区《せたがやく》よりも小さく、鎌倉市と同じくらいである。この狭い地区のなかで十万人を超えるシナ人が虐殺されていれば、一人ぐらい「累々と積み上げられた死体を見た」とか、「虐殺の現場を見た」というジャーナリストや文学者がいてもいいはずである。いや、少なくとも死臭ぐらいは嗅《か》いでいるはずである。ところが、彼らは誰もそんなことを報告していないのである。
これは、いったい何を意味するのだろうか。

抗議すらしなかった中国政府

第二の理由としては、「仮に南京大虐殺があったとしたら、なぜ当時の国際社会で問題にならなかったのか」ということである。

百歩譲って、いかなる理由からか、日本人が戦前に大虐殺のことを知らずにいたとしても、外国人の口に戸は立てられない。しかも当時の国際社会は、日本軍のシナでの行動に批判的であった。すでに日本は国際連盟からも脱退しているのだ。

そのような時期に南京で民間人を虐殺していれば、これは非難の的になったはずである。当時の南京には多くの欧米人がいる。国民政府の首都に住んでいるくらいだから、みな反日的な立場の人である。また、シナ大陸にはロイター、AP、UPIといった大通信社や、新聞社の特派員たちが多数駐在している。

ところが実際には、当時の国際社会で「南京の暴虐《ぼうぎゃく》」ということを正式のルートで非難する声は上がっていない。『ニューヨーク・タイムズ』やアメリカの地方紙のなかには

「大虐殺があった」と伝える記事もあるが、その内容は逆立ちしても何十万人という数になるものではない。後述する便衣隊《べんいたい》（あるいは気の毒にもそれと間違われた市民）の処刑を見て、誤解したものと推定される。

私はかつて、アメリカ『タイム』誌の戦前のバックナンバーを全部調べたことがあるが、そこには一つとして、日本軍が南京で万単位の虐殺をしたというような話は書かれていない。私が見落としたとは思えないが、少なくとも私の目には止まらなかった。それどころか、南京での日本軍の占領政策を褒《ほ》めているぐらいである。

何しろ、被害者であるはずの中華民国政府の代表さえ、国際連盟の議場で「南京虐殺」のことを取り上げなかった。日本軍による南京空爆の際、民家に落ちた爆弾があると言って国際連盟に訴えた中国政府が、南京大虐殺なるものについて抗議もしていないのはなぜか。また中共軍にしても、負けた南京の中国軍を非難したことはあっても、日本軍を非難したことはない。さらに米英仏などの国から、公式に日本政府に抗議が寄せられたという事実もない。

ただ、ここで公平を期すために、英国『マンチェスター・ガーディアン』紙の特派員ハロルド・ティンパリーというオーストラリア人記者が、南京陥落の半年後、『外国人の見た日本軍の暴行』なる本を書いたことを記さねばならない。

　この本は事実上、唯一の「南京虐殺」の記録ということになっている。ところが問題は、この筆者が一度も南京に行かずにこの本を書いたということである。つまり、この本に書かれている話はすべて伝聞証拠であって、信頼性に欠けるのである（その後の北村稔《きたむらみのる》氏や東中野修道《ひがしなかのしゅうどう》氏による精密な研究により、彼は中国政府に傭《やと》われていて、反日プロパガンダとしてこれを出したことがわかった。だからこれを公式に利用した抗議が国際社会から出なかったことは当然であった、といまでは理解できる）。

　戦場での話というのは、えてして尾鰭《おひれ》が付きやすいものである。しかも、シナは昔から「白髪三千丈《はくはつさんぜんじょう》」の国である。そのような伝聞を集めた本しか「南京虐殺」の証拠がないというのは、いかがなものであろうか。

非現実的な「大量虐殺」

　第三の理由としては、「仮に南京大虐殺があったとしたら、そのような大量虐殺は誰が命じ、いかにして行なわれたのか」ということである。

　南京では二十万人から三十万人のシナ人が殺されたとされたわけだが、これだけの人間を殺すのは、その場の激情や思い付きでなしえるものではない。

昭和二十年（一九四五）三月十日の東京大空襲では、三百機のB29が一千六百六十五トンの焼夷弾《しょういだん》を投下したわけだが、このときの死者は八万人強である。また、広島・長崎の原爆による死亡者は、およそ二十万人とされる。

この数字を見れば分かるように、もし世田谷区に満たない広さの地域で二十万人以上の人を殺そうとすれば、これは事前に入念な準備をして、そのための設備も用意せねばならないはずである。

ところが、現実はどうであったか。

すでに述べたように、南京攻略戦を前にして、松井将軍は全軍に軍規の徹底を呼び掛けているが、その訓令はまことに具体的なものであった。「外国の外交機関に接近してはいけない」とか、「たとえ不注意であっても、失火した者は厳罰に処す」といったことから、「南京城外にあった孫文《そんぶん》の墓（中山陵《ちゅうざんりょう》）や革命志士の墓（明孝陵《みんこうりょう》）に立ち入ることを禁ずる」というところにまで及んでいるのである。

敵側の人間の墓にまで近づくなという命令を出し、国際社会から後ろ指を指されまいとした司令官が、同時に大虐殺の計画までを用意していたとは、常識では考えられないことである。

それに当時の日本軍には、住民を二十万人も殺せるほどの弾丸の余裕などあるはずがない。いや、日本軍に限らず、鉄砲の弾というのは高価なもので管理も厳しい。それをすでに占領している都市の住民を殺すために使用するというのは、当時の日本軍の〝経済的な理由〟から見ても許されるはずはないのである。

だからといって、「松井将軍の言うとおりに南京占領が進んだ」と言うつもりはない。どんな人間集団であっても、不心得者《ふこころえもの》がいるのである。そのことは、入城式の十日後に出された通達文が示している。

「南京デ日本軍ノ不法行為ガアルトノ噂ダガ、入城式ノトキモ注意シタゴトク、日本軍ノ面目《めんぼく》ノタメニ断ジテ左様《さよう》ナコトアツテハナラヌ。コトニ朝香宮《あさかのみや》（注1）ガ司令官デアラレルカラ、イツソウ軍規風紀ヲ厳重ニシ、モシ不心得者ガアツタナラ厳重ニ処断シ、マタ被害者ニタイシテハ賠償マタハ現物返還ノ措置ヲ講ゼラレヨ」

これはたしかに、日本軍にも不法行為があったことを示す文章であるのは間違いない。だが、よくよく読んでみれば、大虐殺などなかったということが分かるはずである。

なぜなら、「不心得者があったら処罰せよ」というノンビリした言い方は、そういう人物が百人も一千人もいたら、まず使わない表現である。もし組織的に虐殺を行なっている者がいたり、あるいは多くの日本兵が強姦や殺人を犯していたのであれば、「見つけたら処罰せよ」どころの騒ぎではなかろう。これは、ごく一部の兵士が不法行為をしていたからこそ出てきた表現である。また、現物返還とか賠償という言葉から察するに、松井将軍が主に問題にしているのは略奪行為のことだと思われる。

南京では一部の「不心得者」が軍規違反をやっていたにすぎないという事実がはしなくも表われたのが、東京裁判でのマギー牧師の証言であった。

マギー牧師は、南京市内に作られた安全区を管理する国際委員会のメンバーであり、南京陥落後も、日本軍の行動を監視するということで南京市内での通行を自由に許されていた人である。だから東京裁判の検事団も、この人の証言を最も重視していた。ちなみに安全区というのは、非戦闘員を保護するために作られた地区のことで、ここには当時、二十万の市民が集まっていたとされる。

さて、東京裁判における「南京大虐殺」の審理は、マギー牧師らの証言を中心に進んでいったわけであるが、反対尋問になってアメリカ人弁護人から「では、あなたが実際に目撃した殺人は何件でしたか」と尋ねられると、正直にも「たった一人です」と答えているのである。
それまで彼は、虐殺の話を証言していたわけだが、それらはすべて伝聞に基づくものであったことが明らかになった。あれだけ行動の自由を持っていた人が、ただ一件しか殺人の現場を見ていないのである。しかも、彼が目撃したという殺人の状況は次のようなものであった。

南京市内の安全地区を警備するために歩哨《ほしょう》に立っていた日本兵が、そこに入ろうとした一人の中国人を誰何《すいか》した。「お前は何者か」と尋ねると、その中国人は突然逃げ出した。そこで、日本兵がその中国人を背後から撃ったというのである。

はたして、これのどこが虐殺であろうか。その頃の南京市内は、中国の敗残兵が市民の衣服を奪い、それを着て隠れているような状況である。警戒態勢は続いている。そうしたところで、不審尋問をされて脱兎《だっと》のごとく逃げ出す者がいれば、これを撃つのは歩哨の義務である。現在でも、不審尋問を受けて逃げれば、日本以外の国の警察官であれば警告なしで撃つはずだ。

また、マギー牧師は強姦の現場を見たとも言っているが、それも実際には、日本兵と中国女性が一緒にいる場面を目撃したということであった。しかも、マギー牧師がやってきたら、日本兵は驚いて銃剣を忘れて逃げ出したというのである。

女性にいたずらをしかけたのを牧師に見つけられて逃げ出す日本兵のどこに、残虐な兵隊の姿があるだろう。逃げ出した兵隊は、軍規違反で処罰されることをひたすらに恐れていたのである。こんな兵隊たちが、はたして一般人を何十万人も虐殺していたのであろうか。

（注１）**朝香宮鳩彦王《やすひこおう》**（一八八七～一九八一）　久邇宮朝彦《くにのみやあさひこ》親王の第八王子。朝香宮家初代当主。陸軍大将。昭和十二年（一九三七）、上海派遣軍司令官として南京攻略に参加。昭和二十二年（一九四七）皇籍を離脱、朝香鳩彦となる。

南京の人口がひと月で五万人も増えた理由

第四の理由として――これが最も不審なところであるが――、「仮に南京大虐殺があったとしたら、殺された二～三十万の人はいったいどこにいたのか」ということである。

陥落前後、南京にいた一般市民の数についてはいろいろな記録があるが、最も信頼できる数は、安全区を管理していた国際安全委員会の発表であろう。この委員会の調査によれば、南京陥落直後の非戦闘員の総数は推定で二十万人。委員会は実際に市民の保護に当たっていたわけであるから、これはかなり正確な数字であろう。

一方、この南京を守備していた軍隊の数は、公文書によると五万人ということである。つまり、南京に日本軍が迫る前にいた南京の人口は多くても二十五万人というわけで、東京裁判の検事団が言っている虐殺の数字は、南京にいたすべての人間を殺したと言っているに等しい。

この記録を見ても、十万人単位の虐殺が起こりえないことは直ちに理解できるわけだが、さらに重要なのは、陥落から日が経つにつれ、南京の人口が増えているという事実である。陥落から一カ月後に、安全委員会の発表した南京の人口は二十五万人。すなわち、ひと月で五万人近くも増えたわけである。

これは南京の治安が回復したのを見て、それまで郊外に避難していた人が帰ってきたためである。当時の新聞報道を見ると、陥落後の復興は急ピッチであり、陥落から三週間が経った正月には電気や水道も回復したという。それどころか、南京落城の数日後には銭荘《せんそう》（両替屋）まで開店していたという。

東京裁判によると、虐殺は数週間にわたって続いたというが（二十万人以上の人を殺そうとすれば、そのくらいの時間は必要であろう）、それならなぜ南京に市民が戻ってきているのだろうか。これも理解に苦しむところである。

第五の理由としては、私が子供の時に体験したミッドウェー海戦の話との比較がある。昭和十七年（一九四二）の六月初旬、日本の機動部隊はミッドウェーで大敗したが、そのことは極秘にされていた。ところが間もなく、近所の遊び仲間の太田和男君（私より二年上の高等小学校二年生だったと思う）が年下の我々に（私は当時小学六年生）、「もう加《か》賀《が》も赤城《あかぎ》もなくなったという話だ」と言った。加賀も赤城も、我々が幼い時から名前をよく知っていた主力航空母艦である。私は非常に嫌な気がした記憶がある。

私の町には政治家でも軍人でも偉い人など一人もいなかったのに、極秘情報はすぐに流れてきたのだ。それに反して、シナ事変では隣家の石川さんは出征して上等兵で帰還、その先の成沢さんは軍曹で帰還。シナ事変の初めの頃は、一度出征した兵士を帰したのだ。それでも大虐殺は噂にもならなかった。おかしいではないか、と思ったのである。

どこから煙が立ったのか

さて、ここまで南京大虐殺についての不審点を五つ紹介してきた。まだまだ他にも疑問点はいくつもあるが、田中正明《たなかまさあき》氏、板倉由明《いたくらよしあき》氏、中村粲《なかむらあきら》氏、北村稔氏、東中野修道氏、阿羅健一氏などの調査に譲ることにする。しかしこの五点だけを見ても、東京裁判の言うような虐殺は実際には存在しなかったと結論すべきではないか。

たしかに軍規の乱れはあったであろう。しかし、こうした散発的な不法行為を全部ひっくるめて「虐殺」ということはできない。虐殺というからには、やはり集団的かつ連続的に行なわれた大量殺人のことを指すのが普通の言語感覚である。ある推定によれば（板倉由明氏）、南京で軍規違反によって起きた市民の殺傷は四十九件、傷害は四十四名であったとされるが、せいぜいこれが「南京大虐殺」の実態ではないか。

だがその一方で、世の中には「火のないところに煙は立たず」という言葉があるのもたしかである。東京裁判では、虐殺という〝煙〟がたなびいた。それは実態のないものであったけれども、そのような話が作られるようになった〝種火《たねび》〟のごときものとは、いったい何であったのだろう。

それは、大きく分けて四つある。

中国兵の集団的不法行為

第一には、中国兵が集団的に行なった不法行為が日本兵のせいにされたというケースである。

中国兵が戦場において不法行為を働くということについては、当時、国際的に〝定評〟があった。彼らが行くところでは略奪、放火さらには殺人が頻発《ひんぱつ》し、そのため中国の一般市民ですら恐怖感を抱いていた。

南京にいた中国兵が同種のことを働いたということについては、当時、南京にいた米国の副領事が、漢口《かんこう》の米国大使に送った報告に記されている。その一部を紹介しよう。

「しかしながら、ここで一言申し上げて置かねばならないのは、シナ兵自身は日本軍入城前に掠奪《りゃくだつ》をしなかったわけではないということです。最後の数日間は疑いもなく、彼らによって人間や財産に対して暴行がなされました。シナ兵が大慌てで軍服を脱ぎ、平服に着替える最中には種々の事件が起き、その中には着物を奪うための殺人も行なわれたと聞いています。このような無秩序な時において、退却する軍人や一般人が計画的ではないにせよ、掠奪を働いたのは明らかです。（中略）このため、残留した住民には、日本人が来れば待望の秩序と統制が回復するだろうと、日本人を歓迎する気分さえあったことは想像できるところです」（中村粲『大東亜戦争への道』。読者の便を考え、

現代文に改めた）

実際、さまざまな当事者たちの証言によれば、日本軍入城後に火災が発生した例は皆無に近く、火事はすべて陥落前に起こったことだという。そもそも、自分たちがこれから駐留しようという町を焼く馬鹿はいないであろう。

正規の戦闘による死も「虐殺」

次に挙げられるのは、正規の戦闘で死んだ中国兵をも「虐殺」に含めたということである。

もちろん、戦闘による死者のことを虐殺とすれば、それはあらゆる戦争が虐殺になってしまう。むろん、退却している兵隊を追撃して殺しても、これは虐殺ではない。

しかるに、戦後の「日中戦争」の専門家と称する人のなかには、こうした死者をも虐殺の数字に含める人がいるのだから恐れ入る。とくに南京の戦闘では、陥落後も南京城外には多数の敗残兵がおり、日本軍は彼らの掃討《そうとう》に奔走した。むろん、敗残兵であっても投降すれば捕虜になるわけだが、降伏せずに日本軍を攻撃しようとした兵がいたのである。

南京虐殺の二十万とか三十万とかいう数字を挙げる人は、こうした〝敗残兵狩り〟で戦死した中国兵の数も計算に入れているようである。

投降兵と捕虜とは違う

そして第三の可能性として考えられるのが、投降した中国兵を殺したということである。

当時の日本軍は例によって補給に乏しかったので、南京で大量に投降者が発生したとき、非常な困難に陥《おちい》った。彼らを収容する施設を作ったり、食事を与えることが難しかったのである。

といっても、彼らをことごとく殺したと即断してはいけない。ほとんどの場合、彼らを武装解除したのち、「お構いなし」ということで釈放した。中国の兵士は国民政府に対する忠誠心が薄いので、釈放されれば多くの者は郷里に帰ったのである。

その一方で、殺された捕虜がいたのも事実である。

しかしそれは、いったん投降しておきながら、隙《すき》を見て日本兵に攻撃を加えようとした兵士を殺すというようなケースなのだ。南京では大量の投降兵が出たが、それを監督する日本兵が少ないため、不穏な動きを起こした投降兵に発砲するということはあった。このような場合、捕虜(正確には投降兵だが)であっても、殺すのは当時の常識から見て合法的なものであった。

もちろん、当時の国際法でも捕虜を殺したり、虐待してはならないということになっている。しかし、これは武装を解除され、正規の手続きを経て収容所に入れられた捕虜に対して当てはまることで、投降したからといって直ちに保護されるということを意味しなかった。投降兵と、収容所に入れられた捕虜とは違うのだ。

その最たる例が、アメリカ軍が日本の投降兵に対して行なった措置《そち》である。

彼らは頭の痛い〝捕虜問題〟(正確に言えば投降兵問題)を解決するために、投降した人間を捕虜として収容せず、その場で殺してしまうという方法を考えついた。そのことは、リンドバーグの『戦時日記』(The Wartime Journals of Charles A.Lindbergh, 1970)に明確に記されている。

リンドバーグはご存知のとおり、一九二七年(昭和二)に大西洋横断の単独無着陸飛行に史上初めて成功した人である。その時の回想録『翼よ、あれがパリの灯だ』は、ピューリッツァー賞を受賞している。彼は第二次世界大戦中、空軍の顧問として太平洋各地を回ったのだが、そのときの日記のなかに再三にわたって書かれているのは、「アメリカ軍は日本兵を捕虜にしない」ということへの嘆きである。たとえば、タラワ島（注1）における一例を挙げてみよう（一九四四年八月三十日付）。

「同行の士官は第一波が上陸に成功してから間もなく到着したのだが、海兵隊は日本軍の投降をめったに受け付けなかったそうである。激戦であった。わが方も将兵の損害が甚大であった。敵を悉《ことごと》く殺し、捕虜にしないというのが一般的な空気だった。捕虜をとった場合でも、一列に並べ、英語を話せる者はいないかと質問する。英語を話せる者は尋問を受けるために連行され、あとの連中は『一人も捕虜にされなかった』という」（新庄哲夫訳『リンドバーグ第二次大戦日記』下巻〈新潮社〉）

もちろん、捕虜にされなかった日本兵は皆殺しになったのである。南の島などで日本軍は玉砕したが、そのなかには降伏しながら殺された人が多数いたのだ。

リンドバーグは、日本兵の死体に対する扱いについても憤慨を隠さない。日本兵の死体から金歯を抜き取るとか、遺体を捨てた穴を埋めず、そのままゴミ捨て場にしたという話を彼は書いている。

（注1）**タラワ島**　太平洋中部、ミクロネシアのギルバート諸島にある環礁。昭和十六年（一九四一）、日本軍が占領したが、同十八年十一月二十一日、米軍が上陸して日本軍守備隊と激戦を繰り広げ、二十五日、日本軍は玉砕した。

連合国側の反日プロパガンダ

しかも、たとえ捕虜になって収容所に入れられても、その後の扱いが人道的であるという保証も実際にはなかった。

その最たる例は、ソ連に投降した日本人捕虜たちのことである。ソ連は、日本が無条件降伏しても捕虜を帰還せしめなかったどころか、シベリアで強制労働をさせた。また、規模こそ小さいが、イギリスもソ連と同じように終戦後も日本兵を帰還させず、強制労働をさせていた。イギリスの例もソ連の例も明白な捕虜虐待、しかも戦争終結後の虐待だから、さらに悪質である。

これは、ポツダム宣言に対する明確な違反行為である。日本が降伏したのは、連合国がポツダム宣言の条件を誠実に守ることを信じていたからだが、このポツダム宣言の第九項は、武装解除後、日本兵を速やかに故国に帰すことを約束していた。その約束を破り、しかも捕虜をシベリアの荒野で非人道的に扱っておきながら、連合国は東京裁判で「日本軍は捕虜を虐待した」として関係者を処刑した。「勝てば官軍」とはよく言ったものである。

ついでながら、オーストラリアとの関係について一言しておく必要がある。オーストラリアは日本に一方的に宣戦を布告しながら、戦争中の捕虜虐待を最も声高《こわだか》に言った国であるからだ。

一九九五年(平成七)二月十五日、同国のキーティング首相は戦没者追悼式典で、日本側の捕虜取り扱いについては「怒りは消えない」と言い、次代を担う子供たちにも「これを忘れるな」と繰り返した。しかし、一九四四年(昭和十九)八月五日、オーストラリアのカウラ市内にあった捕虜収容所から日本兵が脱走を企てたとき、オーストラリア兵は無差別に砲火を浴びせ、実に二百三十四人を射殺し、百八人に重軽傷を負わせたのである。

これに対して、長崎市にも戦時中、捕虜収容所があり、オーストラリア兵が収容されていた。アメリカが投下した原爆で収容所が破壊されると捕虜たちは脱出し、市民のなかに交じった。だが、家族や友人を原爆で失い、連合国憎しの極限状況下でさえも、日本人は何ら彼らに危害を加えなかったのである（『朝日新聞』平成七年三月十三日、「声」欄に寄せられた相田全民氏の投書、および同氏からの私信による）。

私の知っているオーストラリア人の教養ある人のなかにも、捕虜の話になると興奮して日本を責める人がいる。読者の周囲にもいるかもしれない。そういう人たちには、「あなたたちのほうがもっと酷《ひど》かったのだから、昔の話は止めましょう」と言ってやるべきである。彼らは自分たちのやったことには驚くほどに無知であり、しかも、日本人のやったことは戦時中の反日プロパガンダがそっくりそのまま頭に入っているのである。

戦後の日本人に植えつけられた劣等感、あるいは「うしろめたさ」に捕虜虐待の問題がある。だが、そんなことばかりでもなかった例を一つ挙げておく。これは一九九五年（平成七）三月の『ロンドン・エコノミスト』（The Economist, March 11th - 17th, 1995, p.46）に掲載されたサム・フォール氏（Sam Falle）の書簡からの引用である。

「……私の乗っていたイギリス駆逐艦《くちくかん》エンカウンターは、一九四二年（昭和十七）三月一日、ジャワ海で沈められました。同じ時に撃沈されたものにイギリス艦エクスター、アメリカ駆逐艦ポープがあります。日本海軍は生残りの者を探して、櫛《くし》で掻《か》くように海上をくまなく捜し、事実、ほとんど全員を救助しました。助けられなかったのは、戦闘中に死んだ者ぐらいだったでしょう。我々を救助してくれた日本の駆逐艦の上での取扱いは、極度に丁重であり、その艦長は我々を〝賓客《ひんきゃく》(honoured guests)〟として歓迎してくれたのです。（中略）私は終戦時まで捕虜でした（中略）私の言いたいのは、すべての日本人がサディストの化け物ではないということです。我々は日本人を軽蔑しなかったし、日本人も我々を軽蔑しなかった。ある収容所では状況は捕虜にも看守（中略）にも同じく厳しく、日本兵も我々と同じく不幸であり、ホームシックに罹《かか》っていた。ひどい扱いを受けたのは、私が拘留《こうりゅう》されていた五つの収容所の一つだけだった。また、空腹だったが飢えたわけではない。二つの収容所では、図書室の利用も許され、勉強もできました。人肉を食べることがなかったのはたしかです……」

（邦訳・渡部）

このサー・サミュエル・フォールは平成二十年（二〇〇八）十二月に来日し、この時の日本の駆逐艦長、「雷《いかづち》」の工藤俊作中佐の記念碑の儀式に参列してくれた。この時は、異例のことながら英国大使館からの参列もあった。フォール卿の話は惠隆之介《めぐみりゅうのすけ》『海の武士道』に詳しく書かれている。

日本軍において捕虜の扱いの悪かった所は、日本軍自体にも食料がなくなっていた所や、ゲリラが多かった所が主であったと言ってもよいであろう。実際に悪かった所があったとしても、それは連合軍側の戦時プロパガンダで異常に拡大・誇張された話が、戦後になっても続いているというのが真相である。

話を戻せば、南京において日本軍が捕虜を殺したと言われるが、それは捕虜収容所に入れられる前の投降兵であり、連行中の不穏な動きに対する対応であり、十分理解できる。ところが先にも述べたように、東京裁判において連合国は、自分たちの行為を棚に上げて日本軍を裁いた。これはどう見てもフェアではないし、むしろ彼らのほうが悪質なことをやっているのである。

日本軍を悩ませた便衣隊

さて、「南京大虐殺」という〝煙〟が生み出された四番目の〝種火〟とは、便衣隊の存在である。この便衣隊を日本軍が処刑した事実がねじ曲げられ、あるいは誤解されて「一般人に対する虐殺」という話になったと考えられる。

シナ大陸における戦争において、日本軍が最初から最後まで悩まされたのが便衣隊であった。これは、いわゆるゲリラ兵である。軍服を着用せず、一般人のなりをして日本の兵士や居留民を襲うのだ。

ベトナム戦争の映画を見れば直ちに分かるだろうが、戦場においてゲリラから狙われることほど恐ろしいものはない。ようやく制圧したと思って村や町に入ると、建物の陰から鉄砲の弾が飛んでくる。「すわ敵兵か」と思って探しても、いるのは善良そうな顔をした人々だけ……。あるいは、かわいい少年少女だと思って油断していると突然、懐《ふところ》から拳銃が出てきて撃ち殺されたり、爆弾を投げられたりする。

このようなことが繰り返されると、たちまち兵士は神経がおかしくなる。周囲にいる人がすべてゲリラに思え、あらゆる物陰に敵が潜んでいると思い込むようになるのだ。ベトナム戦争のとき、多くのアメリカ人兵士が戦場神経症になったのはそのせいである。祖国に帰還しても後遺症が続き、正常な市民生活が送れない身体になったという悲惨な例は数え切れない。

また、これはゲリラ戦ではないが、平成七年（一九九五）、東京の地下鉄でサリン事件なるものが起きた。一般人の姿をしたテロリストが市民のなかにいると知ったとき、日本人はみな恐怖に怯えたではないか。

しかもゲリラ戦は、それをやったほうの国民も不幸にする。相手国の軍隊にしてみれば、誰が敵か区別ができないから、少しでも疑いがあれば殺すしかない。ベトナム戦争でもソンミ村の事件が起こったが、ゲリラ戦を始めると、無辜《むこ》の市民にまで犠牲が及ぶことになるのである。

だから、いかなる理由があってもゲリラ戦はやるべきではないし、やった人を許してはならないというのが国際社会の常識なのである。

ハーグの陸戦に関する国際規約（一八九九年のハーグ平和会議で採択。一九〇七年、第二回ハーグ平和会議で改定）では、「交戦者」の要件を厳密に定めている。その重要な点は次の三つである。

①遠くからでも識別できる軍服を着ていること（市民の服装、つまり「便衣」は許されない）。

②武器は外から見えるように携行すること（たとえばピストルも体の外に吊《つる》し、懐に入れない）。

③団体の場合は、必ず指揮者つまり責任者がいること（ばらばらの勝手な行動は許さない）。

この三点を守らずに武器などを持っている者は、山賊、海賊、野盗《やとう》と見做《みな》してよいということになる。南京において犠牲者と呼ばれる人たちの多くはこの便衣兵であり、そうした活動を命じた蔣介石の責任は重い。便衣隊は捕虜になる資格がないのである。

そのことについて、日下公人《くさかきみんど》氏のご尊父の話が大変参考になるので、ここでぜひ紹介させていただきたい。

日下氏のご尊父は日本帝国の裁判官であったが、シンガポールが日本軍に占領され、昭南島《しょうなんとう》と呼ばれていた頃、そこに赴任《ふにん》され、全マレー半島における裁判の責任者となられた。そして、マレーで義勇軍となって日本軍と戦った華僑《かきょう》たち数百人に、死刑を宣告した。

日本が敗戦し、イギリス軍がシンガポールに再びやってきた時、日下判事は自分が裁かれることになった。

数百人の華僑を死刑にした日本人裁判官である。「死刑にならずとも有罪宣告されたはずだ」と読者は思われるであろう。しかし、日下判事は無罪であった。なぜかと言えば、死刑宣告を受けた華僑たちが、みなゲリラ活動をしていたからである。

そもそも日本軍がシンガポールに迫ってきたとき、シンガポールにいた華僑たちは義勇軍を結成して、イギリス軍を応援することを申し出た。ところが、この申し出をイギリス軍司令官のパーシバル中将は拒絶する。それどころか、「義勇軍など絶対にやってはならない」と禁じた。

それでも華僑の人たちは日本軍に立ち向かったのであるが、もちろん勝てるわけがなかった。

たちまち義勇軍は粉砕されたのだが、ここで生き残った華僑たちがやったのはゲリラ戦術であった。つまり、一般市民の姿をして日本軍に抵抗しようとしたのである。

これに対して日本軍は、徹底的なゲリラ掃討作戦を実施した。ゲリラとおぼしき人間は直ちに逮捕する。抵抗すればその場で殺す。不審な動きをした者もその場で殺すのである。

日下判事がマレー半島で裁いたのは、こうして捕らえられた華僑であったのである。そのなかでゲリラと認められた者には死刑を宣告し、証拠不十分のものは留置され、終戦とともに釈放された。

華僑たち数百人を死刑にした日下判事がイギリスによって無罪とされたのは、彼の行為が国際的に合法であったからである。イギリスの裁判官も、日下判事のやった行為の意味が分かったのだ。つまり、前述のハーグ陸戦規則によって、ゲリラはその場で殺しても正当防衛であるし、捕まえてから殺害してもかまわないということを、イギリスの裁判官はよく知っていたのである。たとえ親英的な華僑であっても、ゲリラをやったのでは弁護のしようがないというわけである。

〝謝罪外交〟の国賊的行為

ところで、平成六年（一九九四）八月、村山富市《むらやまとみいち》首相（当時）と土井たか子衆議院議長（当時）がシンガポールを含む東南アジア地域を訪問した。いわゆる〝謝罪外交〟のためであったのは言うまでもないが、ここで見逃せないのは、彼らがシンガポールの「血債《けっさい》の塔」という慰霊碑《いれいひ》に献花したという事実である。というのも、この慰霊碑が祀《まつ》っているのは、占領中に日本軍に殺された華僑たちであるからだ。

村山首相や土井議長は、慰霊碑に祀られている人々の多くがゲリラであったことをちゃんと認識していたのだろうか。おそらく、知らなかったであろう。身内を殺されたことをいまだに恨んでいる華僑系マスコミと、それを取り次ぐ日本の反日的マスコミに影響されて、「謝罪するのは悪いことではない」というぐらいの考えで献花したのではないだろうか。

死者の冥福を祈るために、献花することは構わない。だが、この人たちの死について謝罪したことは、二重の意味で犯罪的行為である。それは、敵味方双方を不幸にするゲリラ戦を肯定することであり、さらには華僑のゲリラと戦って死んでいった日本人兵士への侮辱である。そこで戦死した日本兵のために花を捧げたという話は聞いていない。

もう一度言うが、華僑ゲリラを処刑したことについては、イギリスの裁判官ですら、それを当然だと判断したのである。村山首相や土井議長がマレーシアやシンガポールに謝罪の旅をし、しかも「血債の塔」という慰霊碑に献花し、謝罪したのは、無知から出たことであったにしても、彼らの無知の深さは国政の責任者として、ほとんど国賊的である。

まず問われるべきは蔣介石の責任

南京に話を戻そう。

南京において陥落間近と悟《さと》った中国兵がやったのは、軍服を捨て、平服に着替えて〝便衣隊〟、つまりゲリラになることであった。彼らの多くは南京市内の安全区に逃げ込んで、隙あらば日本兵を襲おうとしたのだ。

南京に入城した日本軍も、そのことにすぐ気がついた。南京の道路のあちこちに、脱ぎ捨てられた軍服が落ちている。また、非戦闘員ばかりであるはずの安全区に、多数の武器が隠されているのが発見された。直ちに、〝便衣隊狩り〟が行なわれることになったのは言うまでもない。

南京の日本軍も当然、ハーグ陸戦規定を知っているから便衣隊には容赦《ようしゃ》しなかった。実際、これによって多数の便衣隊を狩り出し、処刑したのである。

ところが、これが東京裁判では「一般人に対する暴行」という話になったのである。あろうことか、「いったん軍装を脱いで安全区に入ったのであれば、それは民間人と見做すべきである」という屁理屈《へりくつ》で死者が水増しされた。また、「便衣隊と間違って無辜《むこ》の市民を多数殺した」ということにされたのである。

これは、まったくの言いがかりである。もちろん、南京の市民のなかには、便衣隊と間違えられ、不幸にも殺された人はいたかもしれない。おそらく、いたであろう。しかし、それはあくまでも遺憾《いかん》な事故であって、これを組織的な「虐殺」と言うことは許されない。

しかもそのことを責めるなら、まず便衣隊を組織させた蔣介石の国民政府の責任を追及するのが筋というものではないか。蔣介石の国民政府が便衣隊を許したときから、無辜の市民が間違って殺されてしまうのは目に見えていたことである。

ゲリラと一般市民をきれいに見分ける方法は、どこにもない。日本軍には「なるべく間違って殺さないようにしよう」という道しか残されていなかった。だから、絶対に蔣介石はゲリラ戦をさせてはいけなかったのである。

さらに言えば、そもそも蔣介石は南京を死守すべきではなかった。松井将軍が降伏勧告を出し、開城を求めたときに、これに応じるべきであった。そうすれば、便衣隊などつくらずに済んだはずである。

首都・南京を舞台に攻防戦をやることにした蔣介石の判断は、〝愚策〟と言われても仕方がないことである。正常な判断力を持った指導者なら、首都攻防戦などはやらない。さっさとオープン・シティにしてしまう。

というのも、首都防衛戦は一般市民の生命や財産をも巻き添えにするからである。たとえ防衛しきれたところで、市街は瓦礫《がれき》の山になり、都市機能は麻痺《まひ》してしまうし、市民の犠牲も多い。流れ弾に当たったり、飢えて死んでしまう人がたくさん出るのは間違いない。それなら、あっさり敵に開放して、力を蓄えてから後日に奪還することにしたほうがずっと得策である。

たとえば、第二次世界大戦でドイツ軍がパリに迫ったときも、当時のフランスの指導者はさっさとパリを開放してしまった。つまりオープン・シティにしたのである。それでパリは破壊を免《まぬか》れた。そして連合軍が力を取り戻してパリに迫ったとき、ドイツ軍の司令官はパリをオープン・シティにして退却した。このおかげで、大戦中二度も占領されたのにパリの大部分は無傷であった。ヒトラーはパリに火をかけるよう命じたが、ドイツの軍司令官は従わなかったのである。

また明治維新のときも、京から攻めこんできた官軍に対して、勝海舟《かつかいしゅう》は江戸を明け渡したではないか。これもいまの言葉で言えば、江戸をオープン・シティにしたのである。

市民のことを考える指導者であれば、首都攻防などという悲惨な道は選ばない。ところが、蔣介石は南京をオープン・シティにしなかった。それはすなわち、「市民が何人死んでも、町がどれだけ破壊されようと構わない」ということにほかならない。

南京のことを問題にしたいのであれば、まず問われるべきは、南京防衛という最悪の選択肢を選んだ蔣介石自身の責任である。

南京大虐殺は幻だが、蔣介石が首都防衛戦をやることにしたのは紛《まぎ》れもない事実である。しかも、彼は戦闘が始まる前にさっさと脱出してしまった。彼は、南京の町と市民を文字どおり、「捨て石」にしたのである。これもまた正真正銘の事実である。

さらに南京死守を蔣介石に誓った唐生智将軍も、南京陥落前夜、部下を置き去りにしてこっそりと逃げ出した。そのため、南京に残ったシナ兵たちは秩序ある降伏ができなくなった。これも事実である。

ところが、戦後五十余年間、日本のマスコミ人や歴史家たちは、蔣介石たちの責任には一言も触れず、南京大虐殺などという、ありもしないことを証明しようと躍起《やっき》になってきた。それは日本人を侮辱するばかりか、歴史をも歪める背徳行為という以外にないのである。

公平のために一言すれば、マッカーサーはマニラをオープン・シティにしたので、マニラは無傷状態で日本軍が占領し、「花のマニラの町」などという流行歌もあった。しかしマッカーサーが反攻してフィリピンにやってきた時、日本軍はオープン・シティにすることに失敗し、マニラは破壊され、フィリピン人に怨《うら》まれる大きな原因となった。

原爆と東京大空襲という民間人大虐殺

結局のところ、東京裁判で突如として「南京大虐殺」の話が出てきたのは、日本も残虐行為を行なったという事実を連合国が欲していたからとしか思えない。

東京裁判はまったく非文明的な裁判であった。そもそも国際法上、まったく根拠のない裁判であり、しかも勝者が検事と裁判官を兼ねるという裁判であった。これは、裁判の形式を借りた〝復讐の儀式〟にすぎない。

このようなイカサマ裁判をもっともらしく見せるために必要だったのが、「南京大虐殺」であったのではないか。誰の目から見ても人道に外れたことを日本軍がやっているとなれば、東京裁判で一方的に日本を裁くことも正当化されると考えたのであろう。

しかも、もう一方の敗者であるドイツは、アウシュビッツ（注1）などでユダヤ人虐殺をやっていた。だから、ドイツと〝バランス〟をとるためにも「何か大虐殺が必要だ」と思ったのではあるまいか。そこで、ありもしない大虐殺が騒ぎ立てられたというのが真相であろう。

実際、連合国の判断は見事に的中して、日本人ですら「南京で大虐殺をしたのだから裁かれても仕方がない」と思うことになった。そして、その誤解はいまでも続いている。しかも、それをわざわざ無理に言い立てている反日的日本人もいる。

しかし本当に残虐であったのは、日本と連合国のどちらであっただろう。

アメリカは原爆を広島と長崎に落とした。前者はウラニウム爆弾、後者はプルトニウム爆弾であり、二度も落としたのは実験のためであったろうとも言われている。広島では十一万人以上の人が死に、長崎では七万人以上の人が死んだ（後遺症のために亡くなられた方はさらに多い）。これらの人々のほとんどは、民間人である。もちろんアメリカは、原爆を落とせば、主として一般人が被害に遭うことを分かってやったのである。日本が降伏寸前であることも知っていた。遠からず日本が白旗を掲げるのを知っていながらあえて原爆を落としたのは、一体、何のためであろう。これは、まさに虐殺のための虐殺にほかならないではないか。

また、アメリカ軍は日本の各都市を無差別爆撃した。昭和二十年（一九四五）三月十日の東京大空襲だけでも、八万人以上の一般人が一晩で殺された。これもまた、民間人の大量虐殺ではないか。アウシュビッツでも、十万人殺すには何カ月もかかったのではないか。

日本はハワイなどを空襲したが、それは厳密に軍艦と軍事施設に限られていた。日本には市民を意図的に大量に殺すという思想がなかったのである。しかもアメリカは、「戦争を早く終結して犠牲を少なくするために原爆を用いた」と原爆を正当化している。しかし「戦争を早く終えるためなら何をしてもよい」と言うならば、初めから毒ガスを使ってもよかったのではないか。この問いに答えは聞かれない。

そのような国が東京裁判という〝復讐法廷〟を開き、そして、そこで「南京大虐殺」という根拠なき犯罪が主張されたという事実を、我々は歴史の教訓として覚えておくべきだと思うのである。しかも、ニュルンベルク裁判（注2）ではナチス党員だけが裁かれたのに、東京裁判においては日本人の歴史が不当に裁かれたのだ。

（1）**アウシュヴィッツ**　ポーランド南部の都市、オシフィエンチムのドイツ語名。第二次世界大戦中、ナチス・ドイツによりこの地にユダヤ人強制収容所が設けられ、ユダヤ人とポーランド人が大量虐殺された。その数、百五十万人といわれ（実はそれほど多くはないという説もある）、ホロコーストの代名詞となっている。

（2）**ニュルンベルク裁判**　第二次世界大戦後の一九四五年十一月から翌年十月までドイツ・ニュルンベルクで開かれた、ナチス・ドイツの重要戦争犯罪人に対する連合国による国際軍事裁判。史上初の戦争犯罪に対する裁判で、十二名が絞首刑に処されたが、勝者が敗者を裁く違法な裁判との批判があり、一部はソ連など戦勝国による犯罪を押しつけた冤罪《えんざい》であることも、今日では明らかになっている。

陸軍を泥沼に追い込んだ文民統制

南京陥落の前から、駐華ドイツ大使トラウトマンは和平工作を始めていた。南京を落としてから、日本陸軍の統帥部《とうすいぶ》である参謀本部は、トラウトマン和平工作の成功を望んだ。しかし、参謀本部の切なる要望にもかかわらず、近衛首相はトラウトマン和平工作を打ち切ることに決め、昭和十三年（一九三八）一月十六日、今後は蔣介石の「国民政府を対手《あいて》にせず」という声明を発表したのである。

参謀次長の多田駿《ただはやお》中将（総長は閑院宮《かんいんのみや》殿下）は、涙を流して和平交渉の継続を首相に願ったという。しかし、軍部が自説を言い張ると内閣が代わることになる。「戦争中の内閣交替はまずい」ということで、軍が政府に屈して、大陸の戦争は解決がなくなってしまった。

陸軍は自分の被害を知っていて和平を望んだのである。しかし、コミンテルン系のブレーンに囲まれた近衛首相は、スターリンの希望どおりに、大陸の泥沼に日本陸軍を張り付けることになったのだという見方が有力である。

いわゆる文民統制の欠陥が出たわけである。これはヒトラー（文民政府）とドイツ参謀本部との関係と同じであった。

ヒトラーも参謀本部の好まない、時として反対する戦争をやらせたのである。近衛もヒトラーもスターリンも、ルーズベルトもチャーチルも毛沢東も文民であったことを記憶しておく必要があろう。

第8章

日本外交「二つの大罪」

「日米開戦」はチャーチルが仕組んだ

盧溝橋《ろこうきょう》から始まったシナ事変（日華事変）はずるずると拡大していったが、その一方で、日本を取り巻く国際環境はますます悪化していった。気がつくと日本は、ABCD包囲陣に取り囲まれて、石油をはじめとする戦略物資がまったく入ってこなくなっていた。Aはアメリカ、Bはイギリス（ブリテン）、Cはシナ（チャイナ）、Dはオランダ（ダッチ）である。オランダは、いまのインドネシアを植民地にしていた（当時、インドネシアは蘭領《らんりょう》東印度《ひがしインド》諸島と呼ばれていた）。最近の研究によると、この包囲陣を画策《かくさく》したのは、どうやらイギリスのチャーチル首相であったようである。

第二次欧州大戦は一九三九年（昭和十四）九月一日、ドイツのポーランド侵攻によって始まった。

ちなみに、ドイツに宣戦布告したのはイギリスであった。イギリスはポーランドとの条約に基づいてドイツと開戦した。ヒトラーは元来、イギリスと戦うことは欲していなかった。しかしひとたび戦端が開かれると、ドイツ軍の圧倒的な強さに、イギリスは風《ふう》前《ぜん》の灯《ともしび》といったありさまであった。チャーチルが首相になったのも、連敗につぐ連敗でチェンバレン首相が政権を放り出したからであった。

このような状態を見てチャーチルが考えたのは、「イギリスを救うためには、この戦争にアメリカを引きずりこむしかない」ということであった。

だが、当時のアメリカは、とうてい参戦する見込みがない。というのも、「第一次世界大戦のとき、連合国の一員として参戦したけれども、犠牲ばかり大きくて結局は何の見返りもなかったではないか。もうヨーロッパの戦争などごめんだ」という声が国民の間で圧倒的であったからだ。ルーズベルト自身、「絶対に参戦しない」という公約で大統領に当選している人である。

そこでチャーチルは、まず太平洋で日米戦争が起こるように仕向けるという迂回《うかい》作戦を採ることにした。アメリカが日本と戦争を始めれば、日本と同盟関係にあるドイツはアメリカと自動的に戦うことになる――それが、チャーチルのシナリオであった。

もちろん、放っておいても日米戦争が起こるわけではないし、アメリカが日本に宣戦布告するということもありえない。あるとすれば、日本がアメリカに戦争をしかけるようにするしかない。そこでチャーチルは、アメリカやオランダを説得して、ＡＢＣＤ包囲陣を作ったのである。

戦略物資（つまり近代工業に必要な物資）、なかでも石油がなくなれば、日本は〝何か〟を始めるはずだと読んだチャーチルの計算は正しかった。昭和十六年（一九四一）十二月八日、ついに日本は真珠湾攻撃を行なう。日米開戦であった。

〝泥縄式〟に始まった対米戦争

日米開戦は、このような経緯によって始まったことである。何も日本が好戦的だったり、侵略的だったから戦争を始めたのではない。むしろ、海軍などはギリギリまでアメリカと戦争はしたくなかったのである。また陸軍は元来、アメリカを仮想敵国と考えたことがなかった。

昭和天皇が終戦直後に側近に語られた記録が残されているが、それによると「この戦争の遠因はアメリカの移民禁止にあり、引き金になったのは石油禁輸だ」という主旨のご発言がある（『昭和天皇独白録』文藝春秋）。これほど簡潔で明瞭な――疑う余地がない――史観は聞くこと稀《まれ》である。事実、ただでさえ世界経済がブロック化しているところに石油まで入って来なくなっては、戦争を始めるしか選択肢は残されていなかったのである。

むろん、このような状態に追い詰められるようになった原因の一つには、軍の暴走を政府が抑えられないという憲法上の欠陥があったわけだが、それでも、東京裁判が言うような「戦争遂行《すいこう》の共同謀議《きょうどうぼうぎ》」というような事実はどこにもない。

東京裁判では、「狡猾《こうかつ》な日本の指導者が集まって、世界に戦争をしかける密議を凝《こ》らしていた」というような言われ方をした。そういうイメージは、いまなお日本人の間にも強い。だが、当時の日本の状況は、何度も繰り返すように「共同謀議」どころの騒ぎではなかった。

何せ海軍が対米戦争突入の研究を始めたのは石油禁輸の問題が出てからであり、真珠湾攻撃の図上演習は作戦開始の三カ月前からようやく始まったというありさまである。まさに〝泥縄式《どろなわしき》〟である。それまでの帝国海軍は、小笠原沖あたりでアメリカの円形に配置した大海軍と決戦するというような、迎撃戦型の海戦を主として研究していたのである。

それなのに今日でも日本のイメージが悪いのは、やはり真珠湾攻撃が〝スニーク・アタック〟(sneak attack＝こっそり忍び足で近づいて行なう卑怯《ひきょう》な攻撃)となってしまったことが最も大きいであろう。

日本が真珠湾を奇襲攻撃したというニュースは、それまで戦争に消極的だったアメリカ世論をいっぺんに変えてしまった。日本を叩《たた》き潰《つぶ》すことが、一夜にしてアメリカ人にとって〝正義〟になったのである。いまでも日米関係で何か問題が起こると、「やはり日本は油断がならない。真珠湾を忘れるな」という雰囲気になるのは、このときの記憶が生々しいからである。

日本の外交官が「奇襲攻撃」にしてしまった

いまだに真珠湾攻撃は日本にとってマイナスの要素になっているわけだが、これが最初から奇襲攻撃をするつもりで行なわれたのであれば、まだ諦《あきら》めもつく。小狡《こずる》い日本人という悪評も甘受《かんじゅ》しよう。しかし、現実には日本はまったく奇襲攻撃をするつもりなどなかった。政府も連合艦隊も、ちゃんと開戦の通告をやってから真珠湾に最初の一発を落とそうと思っていたのである。

ところが、これは予定どおりに行なわれなかった。それは、すべてワシントンの日本大使館員の怠慢に由来する〈以下の記述は、徳岡孝夫《とくおかたかお》「誰が一二月八日を国辱《こくじょく》の日にしたか」〈『文藝春秋』昭和六十一年一月号〉によるところが多い。なお、この事実は私自身も、当時のことを知る外交官に聞いて確認した）。

真珠湾攻撃に当たって、海軍軍令部総長の永野修身《ながのおさみ》は宮中に参内《さんだい》し、昭和天皇に「戦争はすべて堂々とやって、どこからも非難を受けぬように注意いたします」と奏上《そうじょう》した。また、連合艦隊をハワイ沖に送り出すに当たって、山本五十六《やまもといそろく》長官は「くれぐれも騙《だま》し討《う》ちにならぬよう」と念を押したという。

このときの日本政府の計画では、開戦の三十分前にはアメリカ国務省のコーデル・ハル長官に国交断絶の通告を渡すことになっていたようである。

「たった三十分前では奇襲と同じではないか」という議論は成り立たない。というのも、この当時はすでに開戦前夜のような状況が続いていた。すでに対日石油禁輸は実行されていたし、アメリカにある日本資産の凍結が行なわれていた。また、アメリカ側の事実上の最後通牒《さいごつうちょう》とも言うべき「ハル・ノート」が日本に渡されていたからである。

このような状況であるから、アメリカ側も「いつ日本は宣戦布告を出してくるのか」と待っていたのである。その後の研究では、外務省の暗号は解読されていたうえに、機動部隊の動きも知られていたという。だから、日本が開戦の三十分前に断交通告を出してきても、彼らは驚かなかったはずである。もちろん、完全に合法的である。

ところが、この予定は大幅に遅れ、実際には真珠湾攻撃から五十五分も経ってから、日本の野村（吉三郎《きちさぶろう》）駐米大使、来栖《くるす》（三郎）特命全権大使がハル長官に通告書を渡すということになったのである。

ルーズベルトは、日本側の失態を最大限に利用した。アメリカ国民のみならず、世界に向けて「日本は奇襲攻撃をしてから、のうのうと断交通知を持ってきた。これほど卑劣で狡猾で悪辣《あくらつ》なギャングは見たことがない」ということを印象づけたのだ。

このとき、断交通知が遅れたことについては、戦後長い間、「大使館員がタイプライターに不慣れなために予定が遅れたのだ」とされてきた。これは、当時の関係者が東京裁判でそのように証言したからであったが、真実はまったく違うのである。

開戦前日（ワシントン時間十二月六日）の午前中、外務省は野村大使に向けてパイロット・メッセージ（予告電報）を送った。「これから長文の外交文書を送る。それをのちに改めて通知する時刻にアメリカ側に手渡せるよう、万端《ばんたん》の準備をしておくように」という内容である。

何度も言うが、当時はすでに開戦前夜の如き状況である。日米交渉の当事者であるワシントンの外交官たちは、そのことを十分知っていたはずである。

ところが、いったい何を血迷ったのか、この日本大使館の連中は一人残らず、夜になったら引き上げてしまったのである。すでに予告電報は届いているというのに、彼らは一人の当直も置かずに帰ってしまった。というのも、この日の夜（土曜日であった）、同僚の送別会が行なわれることになっていたのだ。彼らは、送別会を予告電報の重大性よりも優先させたのである。

さて、運命の十二月七日（ワシントン時間）、朝九時に海軍武官が大使館に出勤してみると、大使館の玄関には電報の束が突っ込まれていたという。外務省が予告していた、例の重大文書である。これを見た武官が「何か大事な電報ではないのか」と大使館員に連絡したので、ようやく担当者が飛んできたというから、何と情けないことか。同じ日本人として痛憤《つうふん》に堪《た》えない。

しかも、彼らのミスはそれだけに留まらない。

あわてて電報を解読してみると、まさに内容は断交の通告である。しかも、この文書を現地時間の午後一時にアメリカに手渡せと書いてある。

大使館員が震え上がったのは言うまでもない。ところが、その緊張のせいか、あるいは前夜、当直も置かずに送別会をやったという罪の意識からか、電文をタイプで清書しようと思っても間違いの連続で一向に捗《はかど》らない。そこで彼らがやったのは最悪の判断であった。ハル長官に電話して、「午後一時の約束をもう一時間、延ばしていただけないか」と頼んだのだ。

いったい、彼らは外交官でありながら、国交断絶の通知を何だと思っているのであろう。外務省は、「現地時間の午後一時に渡せ」と指示してきているのだ。それを独断で一時間も遅らせるとは、どういうつもりであろうか。

要するに、彼らはエリートかもしれないが、機転が利かないのだ。「外交文書はタイプで清書しなければならない」という国際法など、どこにもない。タイプが間に合わなければ手書きのまま持っていって、とにかく指定された午後一時に「これは断交の通知です」と言って渡すべきだったのだ。きれいな書面が必要ならあとで持ってきます、となぜ言えなかったのか。あるいは断交だけを口頭で伝え、あとで文章を渡してもよかったのだ。

現に、コーデル・ハルは戦後出版した回想録（The Memoirs of Cordell Hull, 1948）のなかで、次のように書いているのだ。

「日本政府が午後一時に私に会うように訓令したのは、真珠湾攻撃の数分前（本当は数十分前＝渡部註）に通告を私に手渡すつもりだったのだ。日本大使館は解読に手間どってまごまごしていた。だが野村は、この指定の時刻の重要性を知っていたのだから、たとえ通告の最初の数行しか出来上っていないにしても、あとは出来次第持ってくるように大使館員にまかせて、正一時に私に会いに来るべきだった」（訳文は『回想録』朝日新聞社〈昭和二十四年〉を用いた。原文を本章末尾に掲げた）

いやしくもワシントン大使館にいるような外交官と言えば、昔も今も外務省のなかでは最もエリートのはずである。そのような人たちにして、この体《てい》たらくとは。

真相を隠し続けた駐米大使たち

しかも、これには後日談がある。

だいぶ昔の『タイム』誌で読んだのだが、あるとき、二人のオランダ海軍の軍人が正式な任官を前にして、生涯の誓いをしたという。それは、「どんなことがあっても、お互いのことを褒《ほ》めあおう」ということであった。

閉鎖的な組織のなかでの出世の原則は、「同僚から足を引っ張られない」ということに尽きる。外部からの評価などあまり関係ない。要は、仲間内での〝受け〟がいいかということが大事なのだ。この二人は誓いを守った。その結果、めでたく両人ともオランダ海軍のトップの座に就《つ》いたという。

この話と似たようなことが、開戦のとき一緒に送別会をやって大失敗をやらかしたワシントン駐在の外交官たちのなかでもあったらしい。すなわち、「あの晩のことは一生涯、誰も口にしない」という暗黙の掟《おきて》ができあがったと見える。

その誓いは守られた。このときワシントンの大使館にいた人は、みな偉くなった。そのなかには戦後、外務次官になった人もいるし、国連大使になった人もいる。勲一等を天皇陛下からいただいた人もいる。

あの『昭和天皇独白録』を筆記した寺崎英成《てらさきひでなり》という人は、あの晩、送別会の主役であった人物である。もちろん、断交通知が遅れたことについて彼だけを責めるつもりはない。しかし、真珠湾攻撃がなぜスニーク・アタックと呼ばれるようになったのかは、当然知っていたはずである。ところが彼もまた、その真相を誰にも話さなかった。そして話さないまま、天皇の御用掛《ごようがかり》になった。

言うまでもないことだが、昭和天皇は最後まで日米開戦を望んでおられなかった。閣議が「開戦やむなし」という結論になったときも、「和平の可能性はないか」ということを重臣に何度も確認しておられたという。

このようなお考えであったから、天皇はきっと真珠湾攻撃がスニーク・アタックになったことを残念に思っておられたはずである。「暗号解読に予想外に手間取り」という言い訳を聞かされて、やむなく納得しておられたのだ。

ところが、その真相が違うことは、目の前にいる寺崎本人が誰よりもよく知っていたのである。何という皮肉な話であろうか。

もちろん、寺崎にしても、天皇に対して真相を隠し続けることは苦痛であったと思う。それは想像に難《かた》くない。だが、やはり寺崎たち関係者は、事実を自ら公表すべきであったのだ。

もし彼らがこのとき、責任を感じて直ちに辞表を提出し、その理由を世界に明らかにしておけば、「スニーク・アタック」という誤解がこれほどまでに広がることはなかった。

駐米大使をはじめ、当時の関係者たちがペンシルヴァニア・アベニューにずらり並んで切腹して天皇と日本国民に詫《わ》びるということでもやっていたら――読者は笑うかもしれないが、明治の外交官であればそのくらいのことはやったであろう――、そのニュースは世界中を駆け巡り、真珠湾奇襲についての悪評は消えていたはずである。

「そうすれば、この間の戦争ももっと早期に終わったかもしれない」というのは、かつて駐タイ大使であった故・岡崎久彦氏の意見である。この見方に私も賛成である。アメリカにしても、もともとは広島・長崎に原爆を落とすところまで対日戦争に深入りする気はなかったはずである。彼らにしても、ある程度日本を叩いたら、さっさと有利な条件で講和をしたほうが得策だったはずである。

硫黄島《いおうとう》の戦いで、アメリカ軍はそれこそ島の形が変わるほど大量の砲弾を打ち込んだわけだが、それにもかかわらず、多数の犠牲者を出した。このとき、日本兵二万一千人を潰滅《かいめつ》させるために、アメリカ軍は三倍の兵力を投入した。軍事の常識から言えば、まさに万全の態勢と言っていい。ところがいざ蓋《ふた》を開けてみると、アメリカ軍の死傷者は何と三万人近くにも上ったのである。

彼らにしてみれば、「こんな割に合わない戦争はない」といったところであろう。たかだか二十平方キロしかない小島を制圧するのに、この始末である。これが日本本土上陸となったら、どれだけの被害が出るか分からない。

もし、この戦争が〝スニーク・アタック〟で始まっていなければ、彼らとて岡崎氏の言う如く「早く手を打とう」と考えた可能性もあろう。だが、現実にはアメリカの世論は反日ムード一色である。とても早期講和などと言い出せる状態ではない。戦争が真珠湾攻撃で始まったことは、アメリカの選択肢をも狭《せば》めたのである。

国を滅ぼしてもかばいあう体質

あの不名誉な真珠湾攻撃から、すでに七十四年も経過した。開戦時のワシントン大使館にいた人々は、ほとんどみな亡くなっている。しかし、私はいまからでも遅くないから、彼らの名誉を外務省は公式に褫奪《ちだつ》する（剝《は》ぎ取る）べきだと思っている。そして、彼らがなぜそのような処分を受けたかを、全世界に発表すべきだとも思っている。

彼らに対して、私は何の個人的な恨みも持っていないが、それくらい、彼らのやったことは日本の国益を損なったし、いまでも損ない続けている。日米間の交渉において、常にアメリカのマスコミが日本を悪く言うのも、「日本は狡《ずる》い国で、何をするか分からない」というイメージが根底にあるからだ。

だが外務省が、彼らの名誉を褫奪する可能性はまったくゼロである。

私はこれまで、外務省に関係する人々に会うたびに、そのことを力説してきた。現職の外務大臣にお会いしたときにも、それを話したことがある。そうやっているうちにだんだん分かってきたのは、外務省にとっては〝国益〟よりも〝省益〟のほうがずっと大事なのだという事実である。

ある人は私に、こう説明してくれた。

「日本の外交官というのは、みんな親戚なんです。昔から、外交官になるような人は外国語ができなければなりません。そうなると、本当に外国語がうまいのは外国で育った子供です。ところが、今日ならいざ知らず、ちょっと前までは外国で生まれ育つというのは、外交官の子供以外にはあまりいない。それで結局、外交官の息子は外交官になり、外交官の娘は外交官に嫁ぐということになりました。だからいまや、外務省というのは親戚の寄り合いのようなものなのですよ」

もし、これが本当なら——おそらく本当であろう——、名誉褫奪は永遠に無理な話だ。いくらすでに死んでいるとはいえ、彼らにしてみれば親戚である。親戚の名誉を褫奪するわけがない。「日本の官庁には省益あって国益なし」とはよく言われることだが、外務省もまた例外ではなかったのである。

外務省が開戦当時の間違いを認めたのは、ようやく平成六年（一九九四）になってからのことである。しかも、電文が明快でなかったの何だのとの弁解つきであった。

ハル・ノートを何と考えていたのか。石油禁輸の海軍に与える影響を何と考えていたのか。パイロット（予告）電報を何と考えていたのか。現地時間午後一時の手交時間を土壇場《どたんば》で勝手に二時にした責任を何と考えていたのか。弁解の余地など、まったくないのだ。必要だったのは、戦後でもよかったから切腹、しかも本当の切腹をすることであった。そして、それが世界に報道されることだったのだ。

ついでに言っておけば、東京裁判でも日本が真珠湾攻撃を事前に通告する意思のあったことは認められている。だから真珠湾は裁判では問題にされなかったと言ってよい。しかし、日本に都合のよいことはなかなか世界の、否《いな》、日本人の知識にもなってくれないのだ。

日米交渉の致命的な判断ミス

日米開戦のことに話を戻せば、私は最近、「そもそも日米交渉があああいう形で決裂することになったのは、日本外交のほうにも大きな判断ミスがあったのではないか」と考えるようになった。つまり、「当時の外交責任者たちは、アメリカという国の本質が分からずに日米交渉をやったのではないか」ということである。

彼らは一所懸命にアメリカ政府と外交交渉をやっていた。ルーズベルト大統領やハル長官を相手に、何とか打開の道はないかと探っていた。だが、彼らを交渉相手だと思ったところに、じつは日本外交の致命的な判断ミスがあったのではないか。

これが、もし日本政府が直接アメリカ国民に日米和解を訴えかけていたら、そもそも戦争など起きなかった可能性は十分にあった。

私がそのようなことを考えるに至ったきっかけは、津本陽《つもとよう》氏の小説『椿《つばき》と花水木《はなみずき》』（上・下、読売新聞社）を読んだことに始まる。これは幕末期、海へ漁に出て遭難し、米捕鯨船に救われてアメリカに渡ったジョン万次郎《まんじろう》（中浜《なかはま》万次郎）の生涯を書いた作品である。

アメリカで商船アカデミーを優秀な成績で卒業した万次郎は、さっそく捕鯨船に乗り込んで働くことになった。ところがこの最初の航海で、船長がマリアナ近くで発狂してしまうのである。治療のため船長はマニラの病院に入れられるのだが、そこで問題になったのは、後任の船長を誰にするかということであった。

デイビス（船長）を病院へ送りとどけたあと、船員たちは今後の長い航海のあいだ、誰を船長に決めるか相談をはじめた。

エーキンがいう。

「俺たちが命を預けるキャプテンは、やはり選挙できめるのがいいと思うよ」

全員が同意して選挙が行なわれた。皆が甲板《かんぱん》に置かれた木桶《きおけ》のなかに一票ずつ入れた。

投票を終え、各自の指名を集計してみるとおどろくべき結果がでた。一等航海士エーキンと万次郎が同点で船長候補者に選ばれたのである。

万次郎は先輩のエーキンを船長とすべきだと主張した。

「わえはキャプテンにゃなれんちゃ。皆を差配《さはい》しよる人はエーキンよ。わえは二十一でエーキンは二十九じゃ。年齢からいうてん、貫目《かんめ》がちがうぜよ」

万次郎を支持する船員たちは、さっそく提案する。

「嵐のとき、俺たちの救い主になってくれたのはジョン・マンだ。マンを副船長にしよう」

「そうだ、それがいい。副船長なら一等航海士だぜ」

万次郎は大勢の支持を受け、副船長兼一等航海士となった。（前掲書・上巻）

かくして、ジョン万次郎は商船アカデミーを出たばかりの身であるのに、最初の航海でいきなり副船長に推挙されたのである。

この一節を読んだとき、私の頭に浮かんだのは「アメリカの〝ピープル〟というのは、日本で言えば農村社会でいう〝皆の衆〟なのだな」ということであった。

だいぶ前から何となく感じていたのは、アメリカ人がピープルという言葉を使うときと、イギリス人が同じ言葉を使うときでは、同じ英語でもちょっと語感が違うということであった。しかし、それが何であるかは判然としなかった。ところがこの小説を読んで、すっきり分かったような気がしたのである。

もちろん、この小説には〝ピープル〟という言葉は一語も書かれていない。しかし、万次郎が副船長に選ばれた話ほど、アメリカ人の〝ピープル〟の本質を示したエピソードはないように思う。

普通、辞書には〝ピープル〟の訳語として、「民衆、人民、大衆」というような言葉が羅列《られつ》されている。これは、イギリスの〝ピープル〟の訳としては正しいかもしれない。ところがよく考えてみると、アメリカには〝人民〟などというものがあるわけはないのだ。

そもそも人民という言葉は、常に支配者という言葉とワンセットになっている。たとえばイギリスの歴史は、国王・貴族と人民の関係史と言っても過言ではない。これに対してアメリカは、最初から国王や貴族などいない国である。そのような国で〝ピープル〟を翻訳するときに、人民と訳すのは本質的におかしいのである。

私が何となく感じていたアメリカとイギリスの〝ピープル〟の違いとは、まさにそれなのである。だから、リンカーンの有名な〝Government of the people, by the people, for the people〟という言葉を、「人民の、人民による、人民のための政治」と訳すのは不適切ということになる。

では、いったい何と訳すべきか。それは「皆の衆の、皆の衆による、皆の衆のための政治」と訳すほうが正確なのである。もっと砕いて言えば、「みんなの、みんなによる、みんなのための政治をしよう」ということをリンカーンは言いたかったのだ。

みんなの、みんなによる、みんなのための政治をしよう——これこそが、アメリカ民主主義の本質である。

アメリカは〝皆の衆〟国家

考えてみれば、当然のことである。

アメリカ大陸に最初に移住したのは、プロテスタントの白人たちであった。彼らは自力で町を作り、市を作った。当然、そこには町長や市長がいなければならない。

では、誰が町長になるのか——〝皆の衆〟のなかから選ぶしかないのである。また、保安官も裁判官も〝皆の衆〟のなかから選ぶしかない。「あの人は正義感もあるし、法律にも明るいから判事になってもらおう」ということで、裁判官が任命されるのである。

万次郎にしても同じことである。彼らは船長を選ぶのでも、外から資格を持った人を呼ぶなどとは考えない。船長は〝皆の衆〟のなかから選ぶのが当然だと思っているのだ。

また、アメリカの裁判が陪審《ばいしん》制度を採り入れることになったのも、この国の体質と大いに関係があるだろう。

陪審制度とは単純に言ってしまえば、「裁判官が有罪・無罪を決めてはいけない」という制度である。被告が有罪であるか否かは陪審員のみが決定できる。一方、裁判官の役目は裁判の指揮と、有罪と決まった被告にどんな刑を与えるかということだけである。

つまり、裁判官は「法律の専門家」として法廷を指揮するにすぎないのだ。

この陪審制度の仕組みを、もう少し具体的に説明してみよう。

ある事件が起きて裁判が行なわれることになった場合、まず始まるのは陪審員の選定である。陪審員は、そのコミュニティの選挙人名簿からアト・ランダムに十二人を選ぶことになっている。むろん、事件に関係しているような人は除外される。

この陪審員に選ばれても、いまでは忌避《きひ》する人が多いそうである。それはそうであろう。何日も拘束されるのに、日当は数ドルくらいしか出ない。だから陪審員に選ばれても、普通の勤め人はさまざまな理屈をつけて逃げるのだ。それで最近では、陪審員は比較的時間の自由な学校の先生とか主婦、あるいは失業者というような人が多いという（だが、これも〝皆の衆〟の精神から見ればそう悪いことではあるまい）。

さて、こうして選ばれた十二人が裁判所に呼ばれて、弁護側、検察側の言い分を聞く。ただし、外部の人の意見を聞いてはいけないし、新聞を読んでもいけない。つまり、法律のことなど考えなくていいから日常の感覚で判断しろ、というわけである。裁判が一日以上にわたる場合は、少し離れたモーテルなどに宿泊となることもあるが、その際も新聞やテレビはなく、外部との電話も許されない。そして審理が終わったら、陪審員たちは別室に移って、有罪か無罪かを話し合うのである。

全員一致の評決が出たら、再び法廷に戻って裁判官に結論を告げる。「無罪」となったら、直ちに被告は釈放される。「有罪」なら裁判官が具体的な刑を決めるというのは、すでに述べたとおりである。

この陪審制度というのは、イギリス起源のものである。

最初は、「騎士たちのなかで起こった揉《も》め事は騎士の間で片づける」ということから陪審制度が始まった。つまり、国王が騎士に干渉してくるのを防ぐための制度であったわけである。まさに「国王と人民」の構図である。これがだんだんに広がって陪審制度が定着したわけだが、その考えの底には「一人の裁判官はごまかせても、十二人のジェントルマンを欺《あざむ》くことはできまい」という常識がある。そのジェントルマンが、いまでは「市民」になっているわけである。

これがアメリカの体質にもすごく適《あ》ったというのは、やはり〝皆の衆〟でできた国家であったからだろう。つまり、「殺人だろうが、強姦だろうが、法律の専門家の小むずかしい理屈で決めるのは嫌だ。我々〝皆の衆〟が常識で決めればいいではないか」ということから、アメリカで陪審制度が定着した。そう考えると、非常に分かりやすいのである。

そして法律家のうち、被告を代表する者（弁護士）と州を代表する者（検事）が、市民の代表たる陪審を説得しようと努める。あくまでも有罪・無罪を決めるのは「皆の衆」の代表の陪審員なのである。このようにして、市民たちは主権在民ということを体験しているのだ。アメリカ映画の裁判シーンが面白いのはこのためである。

そして、これが〝公判第一主義〟の実体である。日本も建前では公判主義だが、実際には検事の調書（皆の衆は関与していない）が圧倒的な重要性を持っている（日本も裁判員制度に変わったが、裁判員になる「義務」は現行の憲法にないうえに、〝皆の衆〟の伝統が違うので相当難しいであろう）。

話す相手を誤った日本政府

アメリカは〝皆の衆〟の国である。〝人民〟の国ではない——こういう視点に立つと、いわゆる「アメリカ型民主主義」の本質も見えてくる。いや、正確に言えば「アメリカ型〝皆の衆〟主義」ということである。

我々日本人の目から見ると、アメリカの議員たちは極端に選挙民のことを気にする。

日本の政治家も、地元に利益を誘導することは一所懸命やる。けれども、国家レベルの政策になると、これは選挙民とは離れた次元で決まることが多い。たいていは派閥や党の方針に従うということになるわけだが、選挙民のほうもそれが自然だと思って疑わない。これはヨーロッパでも似たようなところがある。

ところがアメリカの場合、たとえば「ハイチに侵攻するか否か」、あるいは「堕胎《だたい》を禁止すべきか」というような問題でも、政治家がまず気にするのは地元の意向である。

また選挙民のほうでも、地元出身の議員が何をやっているかを常にチェックしていて、少しでも気に食わないことをすると、どんどん電話をかけたり、手紙を書いたりして抗議する。また、選挙のときの公約を破ったりしようものなら大変な騒ぎになる。

なぜ、アメリカの政治家が選挙民のことに敏感なのかと言えば、これも〝皆の衆〟の代表だからである。つまり国会議員といえども、それは〝皆の衆〟のなかからたまたま選ばれただけではないか、ということである。

日本人やヨーロッパ人の感覚としては、国会議員というと何となく偉い人という感じがあるわけだが、アメリカでは〝皆の衆〟あっての議員なのである。だから、選挙民は議員にどんどん注文を付け、議員も〝皆の衆〟のことを気にするのである。

これは、〝皆の衆〟のほうが主人であって、議員は番頭のようなものだと思えば分かりやすいかもしれない。

昔の日本の商店では、実際に店を切り盛りするのは番頭の役目である。だが、実務をやっているからといって番頭が偉いのではない。番頭といえども、店の主人の意向に逆らって商売はできない。それと同じように、アメリカの政治家はただの番頭だと思えばよい。だから、ご主人である選挙民の顔色をいつも窺《うかが》っているのである。

そこで、戦前の日米交渉のことを考えてみると、アメリカと談判決裂になったのは当然のことと言わざるをえない。というのも、日本側が交渉相手として話しているのは、ルーズベルト大統領やハル国務長官だからである。

我々日本人の感覚からすれば、大統領や長官が政治を動かしていると思いがちである。実際、日本なら首相や大臣が納得すれば、それで問題ない。だがアメリカの場合、いくら政治家を説得しようと思っても、彼らが意見を変えるわけがない。なぜなら、大統領や長官はただの〝番頭〟であって、彼らを選んでくれた〝皆の衆〟に断りなく方針を変えるわけにはいかないのだ。そんなことをやれば、選挙民たちは大騒ぎして彼らを馘《くび》にしようとするであろう。日本の政府には、そのあたりの事情が読めなかった。あくまでも大統領たちを説得すればいいと思ったのである。

いまにして考えれば、日本の外交官たちが直接、〝皆の衆〟たるアメリカ国民に語りかけていたら、戦争を避ける道は十分にあったと思う。というのも、このときのルーズベルト大統領は「在任中に戦争を始めない」という公約で選ばれた人である。これはつまり、アメリカ国民の総意として、どことも戦争をしないということになっていたのだ。

アメリカにおいては公約は重い。政治家が勝手に公約を破ることは許されない。公約を変更するときは大変な仕事になる。公約は、選挙で選ばれたときに〝皆の衆〟と交わした契約書のようなものである。

といっても、このときのルーズベルトの本心は、イギリスをドイツから救うために何とか第二次世界大戦に参戦したいと考えていた。だが、公約としては「絶対に戦争を始めない」ということになっていたから、自分から戦争を始めるわけにはいかなかったのだ。

そこで彼は、国民には「日米間の和解の道を探る」と称して、実際には日本を追い詰めていくという複雑な戦略を採った。つまり、最初は日本に対して融和姿勢を見せながら、最後にハル・ノートという事実上の宣戦布告を突きつけることで、日本から戦争を起こさせるということにしたのである。

事実、ルーズベルトの戦略は見事に的中したわけだが、もし日本がアメリカという国は〝皆の衆〟主義なのだと見抜いていたら、彼の狡猾な作戦をひっくり返すことができたはずである。たとえば、ハル・ノートが送られてきたときに記者会見をやればよかったのである。東京でやってもいいし、ワシントンでやってもいい。とにかく、アメリカの新聞記者を一堂に集めて、次のようなことを話せばよかった。

「ご存知のとおり、これまで日米間で現状打開の道を探ってきたわけだが、先日、かくの如き無理な要求を満載した覚書（ハル・ノート）が、アメリカから突然、突きつけられた。これは実質的な国交断絶の書であって、日本としては遺憾《いかん》きわまりない。アメリカ国民にぜひ分かってもらいたいが、日本は太平洋の平和を心から願っているし、妥協点を見付けたいと考えている」

もし日本がこのように言っていれば、アメリカ国民はルーズベルトに対する監視を強めたであろう。そうなれば彼とても、徒《いたずら》に日米間の緊張を高め、日本を開戦に追い込むようなことはできなかったはずである。世界の他の国々にも、日本への同情の声が出たと思われる。

ところが現実には、日本政府がアメリカ国民に直接話しかけることはとうとうなかった。日本の外交官たちには、「外交交渉は密室で行なわれるもので国民は関係ない」というセンスしかなかったからである。

蔣介石の巧妙な対米外交センス

これに対して、シナの国民政府はまことに巧みにアメリカ世論を誘導している。もともとシナ人は、夫婦喧嘩でも道に出て自分の言い分を喚《わめ》き合う社会だったという。こうした話を聞いて、武士的気質を持った戦前の日本人はシナ人を軽蔑したものである。夫婦の諍《いさか》いを路上で口論の形で行なって、集まった人に聞いてもらうなどというのは、阿呆《あほう》のすることだと思っていた。しかし国際社会においては、自分たちに都合のいい主張を声高《こわだか》に宣伝するというシナ人の傾向は、まことに国益に適《かな》う。「不言実行」の日本人から見るとまことに嫌らしく思えたものだが、こと外交に関して言えば、これはシナ人のほうが正しいのである。

第一次世界大戦後に作られた国際連盟でも、国民政府はたびたび日本糾弾《きゅうだん》の演説をし、国際世論の同情を集め、日本のイメージはどんどん悪くなる一方であったと言ってよい。

そうしたシナ人のなかでも、最も外交センスがあったのは蔣介石《しょうかいせき》であった。日本と戦ううえで蔣介石が最大の外交目標にしていたのは、いかにしてアメリカを味方に引き入れるかということであった。

彼の判断は正しかった。日本にとって本当に厄介《やっかい》なのは、アメリカだけなのである。イギリス、フランスは地理的に遠すぎるから、日本に武力で圧力をかけることはできない。また、当時のソ連は太平洋に海軍を持っていないから、これも問題にならない。残るは、太平洋に強力な艦隊を浮かべているアメリカしかない。しかもアメリカは、日露戦争以後はずっと日本に対して恐怖心と憎悪を抱いている。

そこで蔣介石が何をしたかと言えば、まず宋美齢《そうびれい》という上海《シャンハイ》・浙江《せっこう》財閥の娘と結婚をする。そして一九二八年（昭和三）、アメリカ人牧師からキリスト教の洗礼を受けたのである。

この二つの事柄の持つ意味はまことに重要である。それはなぜか。

この当時のアメリカは、シナ大陸にたくさんのプロテスタント系の宣教師を送っていた。蔣介石が洗礼を受けた牧師も、そのなかの一人である。

私がアメリカで客員教授をしていた三十年ほど前にも、教会には必ず募金箱が置いてあって、そこに「これこれの国で宣教している人のために寄付してください」ということが書かれていた。また、礼拝でも牧師がそういう宣教師たちの話をし、募金をするように呼びかけるのであった。

これは、蔣介石が洗礼を受けた頃も同じであっただろう。当時のアメリカ各地の教会には「シナの宣教師のために」と書かれた募金箱があったはずだし、また、牧師はシナで苦労しながら伝道する宣教師たちのことを説教壇から話したはずである。

教会というのは、言ってみれば民間の外交団である。しかもそこには毎週、多くのアメリカ市民が行く。そこでしょっちゅうシナの話が出れば、彼らの関心がシナ大陸に向くのは当然であろう。

そういう状況で、シナの代表的指導者である蔣介石がプロテスタントの洗礼を受けたと聞けば、アメリカ中の信者はみな彼に親近感を覚える。しかも、彼の妻である宋美齢は九歳からアメリカに留学して、名門女子大のウェルズリー・カレッジを卒業した女性である。もちろん、彼女もプロテスタントの信者である。彼女の家は、そもそもアメリカでキリスト教教育を受けた父が、バイブル販売で財閥の基礎を作ったと言われているほど、アメリカのプロテスタント教会との関係は深い。そうしたことも、アメリカ人の耳には自然と入るのである。

こうして蔣介石は、「異教徒の日本人と戦う敬虔《けいけん》なるクリスチャン指導者」というパブリック・イメージを作り上げた。彼は宋美齢をアメリカに派遣し、各地で「日本の悪行」を涙ながらに訴えさせた。九歳でアメリカに渡り、アメリカの教会で洗礼を受けた可憐《かれん》な東洋女性が流暢《りゅうちょう》な英語を駆使し、泣いて訴えているのを見れば、たいていのアメリカ人はシナに同情し、日本を憎むようになる。ステンド・グラスに宋美齢の似顔絵を入れた教会があったほど、彼女の影響は大きかった。

このようにして〝皆の衆〟の同情を集めているシナに対して、日本が対米外交で勝てるわけはない。

当時の日本のエリート外交官たちは、ワシントンの政府高官を相手に活動していればいいと信じていた。エリート同士で話し合えば、日米関係は変わると思っていた。だが、宋美齢が涙ながらに全米各地で講演をしていた時点で、日本外交の敗北は決まっていたのである。〝皆の衆〟が「シナを援助し、日本を叩け」と言えば、そのとおりにワシントンの番頭たちは動くのだ。

〝もう一人の大使〟の必要性

あれから半世紀以上経ったが、日本外交はあまり進歩していないように見える。それは、日本の首相や大臣がアメリカに行って記者会見で何を話しているかを聞けば、直ちに分かることである。

たとえば、平成六年（一九九四）二月に当時の細川（護熙《もりひろ》）首相が、日米貿易摩擦問題を話し合うため、ホワイト・ハウスでクリントン大統領と会談をした。これは結局、物別れに終わったのだが、問題はそのあとの記者会見である。

このとき彼が話したのは、言ってみれば専門用語の連発であった。彼は「数値目標は規制緩和に反し、管理貿易に繋《つな》がる」というような主旨のことを話していたが、直ちにその意味を理解できたのは、その場にいたジャーナリストのなかの専門知識のある人たちぐらいのものであろう。おそらく、記者会見の様子をテレビで見ていた一般のアメリカ人は、彼がいったい何を言いたいのかピンと来なかったはずである。第一、管理貿易《マネージドトレード》という言葉自体、日常の生活に出てこない単語である。

日本ならいざ知らず、アメリカでは〝皆の衆〟の誰が聞いてもわかるような言い方をしないと、記者会見をやる意味がない。ワシントンやニューヨークのエリート記者たちが同情してくれても、対日政策はピクリとも動かないであろう。

この場合だと、「クリントン大統領は日本に対して、かくかくしかじかの目標額に達するまで、アメリカ製品を輸入せよとおっしゃいました。しかし、それは日本政府が国民に、むりやりアメリカ製品を買わせろということです。日本は自由主義の国です。そんな共産主義のようなことはできません」と訴えるべきなのである。こう言えば、多くのアメリカ人は、自国の政府が何か酷《ひど》いことを日本に要求していると感じるであろう。

さらに時間があるならば、次のように説明すれば、もっとアメリカ人は日本に同情を覚えるであろう（以下のデータは、経済評論家・唐津一《からつはじめ》氏のご教示による）。

「それに、アメリカ政府は『日本人はもっとアメリカ製品を買うべきだ』とおっしゃいますが、すでに日本人は十分にアメリカ製品を買っているのです。

一人当たりの年間輸入量で見れば、日本人は平均四百四十五ドルのアメリカ製品を買っています。これに対して、アメリカ人は四百十五ドルの日本製品を買っているにすぎません。つまり、日本人のほうがアメリカ人よりも三十ドル多く使っているわけです。

それでもアメリカの対日赤字が減らないのは、日本の人口がアメリカの半分しかないからです。もし、この五兆円の赤字をも消せというのであれば、これは日本人が一人当たりにして、アメリカ人一人当たりの倍額のアメリカ製品を買わねばならないということになります。

アメリカ国民の皆さん。これは、はたしてフェアな要求でしょうか。人口が少ないというだけで、日本はなぜこのような目に遭わねばならないのでしょうか」

ここまで言えば、いかなるアメリカ人も「対日赤字解消の要求はアンフェアだ」と思うはずである。人口の多い国が少ない国を苛《いじ》めているというイメージは、アメリカ人には強烈に作用するであろう。せっかくの記者会見なのだ。細川首相はこのような表現で、アメリカの〝皆の衆〟に語りかけるべきだった。

こういうことを続ければ、アメリカの〝皆の衆〟の間に「日本叩きを控えよう」という雰囲気が絶対に出てくるはずである。そうなれば、アメリカの通商代表部の役人たちの顔もがらっと変わってくるのだ。

だが、そんなことをいっさいやらずにワシントンの役人のご機嫌を取ろうというのが、日本の政治家や官僚である。あくまでも、天下国家の問題はエリート同士の交渉で片がつくと思っている。しかし何度も言うように、それではアメリカという国は動かないのである。

そこで私がぜひ提案したいのは、対米外交については二人の大使を作るということである。

一方は、従来のままの外交スタイルである。ワシントンを中心に、主に政府関係者を相手に活動する。条約の処理やさまざまな事務手続きなどは、これは専門の外交官でなければ務まらぬ仕事である。

だがそれだけでは不十分なので、もう一人の大使を作る。それは、かつて宋美齢がやったようにアメリカの国民、つまり〝皆の衆〟に向けて直接訴えかけるということである。

これは外交官というプロではなく、アメリカ人にとってパブリック・イメージのいい人にお願いするのである。つまり、アメリカで最も人気があり、信頼のある日本人に、その人ならアメリカ人も話を聞く気になるような人物に、「日本の言い分」をテレビや新聞で語ってもらう。それは数字や専門用語が並ぶような話であってはならない。多少、大雑把《おおざっぱ》な話でいいから誰にでも分かる比喩《ひゆ》を使って、「日本はアメリカに敵意を持っていない。あなたたちと協調していきたいんだ」ということを訴えてもらうのである。

そうやって少しずつでも〝皆の衆〟の反日感情を和らげていくことこそが、ワシントンでの外交にも繋がってくると思われる。

たとえば故人の例で言えば、松下幸之助のような『タイム』の表紙になったような人を大使にした場合を考えてみればよい。松下の発言はすぐにマスコミに載る。それはアメリカの〝皆の衆〟の耳に届くであろう。そうすれば貿易摩擦も少なくなっていたと思われるのである。さらに昔のことを言えば、ワシントン会議の正式の代表の一人に渋沢《しぶさわ》栄一《えいいち》を入れたら、日英同盟の運命も変わっていたのではないかとも思われてくる。

振り返ってみれば、戦前の日本もアメリカ人の共感を呼ぶような材料はいっぱいあったのだ。不況に苦しむ農民の写真でもよかった。あるいは、通州《つうしゅう》事件で残虐な殺され方をした日本人居留民の話でもよかったのだ。

いまでも残念に思うのだが、通州における残虐な現場に、どうして欧米の新聞記者やカメラマンを招かなかったのだろう。彼らはプロであり、ニュース・バリューのあるネタなら地の涯《はて》まで行く。日本は軍用機を出してでも連れて行くべきだったのだ。世界中の同情は翕然《きゅうぜん》として日本に集まり、シナ事変（日華事変）が不要になった可能性も大きいのである。

そうして直接アメリカ人に伝えていれば、あれほどの反日感情は生まれなかったし、石油を全部ストップしてしまうという乱暴なことも起こらなかったのではないか。

しかし実際にはシナ事変のあたりから、日本ではそういった外交センスがまったく失われていった。社会主義的な官僚がどんどん力を増していったからである。

エリートだけで国家を運営すると、相手国の〝皆の衆〟が念頭から薄れ、物事はみな悪いほう悪いほうへと進むのである。

【ハル回想録原文】“His Government's intention, in instructing him to ask for the meeting at one o'clock, had been to give us their note a few minutes in advance of the attack at Pearl Harbor. Nomura's Embassy had bungled this by its delay in decoding. Nevertheless, knowing the importance of a dead line set for a specific hour, Nomura should have come to see me precisely at one o'clock, even though he had in his hand only the first few lines of his note, leaving instructions with the Embassy to bring him the remainder as it became ready.”（The Memoirs of Cordell Hull, p.1097）

第9章

太平洋における攻防

日本軍に対抗できるのは米軍だけだった

日本軍の本当の敵はアメリカだけであった。イギリスもオーストラリアもオランダも、問題にならなかった。

太平洋の戦争が始まると直ちに、イギリスの最新鋭戦艦プリンス・オブ・ウエールズと戦艦レパルスは、ともに白昼、日本の飛行機によって沈められてしまった。インド洋やベンガル湾にあったイギリス飛行部隊も艦隊も、あっという間に消えてしまった。日本の機動部隊のインド洋作戦は、イギリスの重巡洋艦二隻、航空母艦一隻、駆逐艦《くちくかん》二隻、仮装巡洋艦《かそうじゅんようかん》一隻、そのほか商船十数隻を沈めて短期間に終結した。

この時の日本海軍の強さについては、チャーチルもその大戦回顧録のなかで驚嘆している。チャーチルは戦士であり、戦士的気質があったから、日本の強さがあらゆる予想を超えたものであることを率直に認めているのである。

これはヒトラーの空軍とも桁違《けたちが》いの強さなのであって、もしヒトラーが日本の機動部隊の一つでも持っていたら、否《いな》、零戦隊を持っていたら、バトル・オブ・ブリテン（注1）に勝ち、イギリスを制覇し、したがって全ヨーロッパを支配したことであろう。イギリスでさえその程度であったから、日本海軍の前にはオランダ海軍も空軍も、ジャワ沖、スラバヤ沖、バタビヤ沖の三海戦で消えてしまった。日本にとって本当の敵として意識されたのは、あくまでアメリカだけである。旧植民地帝国だけなら、束《たば》になってかかってきても日本軍の前には鎧袖一触《がいしゅういっしょく》であった。

オーストラリアもオランダも日本に宣戦布告したのだそうであるが、普通の日本人は誰も気にかけなかった（戦後、日本の年表でもその記述は見当たらない。大戦中の昭和十八年＝一九四三年発行の平凡社『世界歴史大年表』には書いてある）。日本が宣戦布告しないうちに——日本が宣戦布告したのはイギリスとアメリカの両国——、日本に対してオーストラリアが宣戦布告したことを気にしているオーストラリア人に戦後会ったことがあるが、そんなことがあったとは、こっちもその時に初めて聞かされてびっくりした。

イギリスはビルマを奪回したが、それは日本の軍艦も飛行機もアメリカのために敗れたあとであるし、むしろ日本軍がインパールまで無謀《むぼう》な進出をして自壊《じかい》したのだという認識だった。

ソ連は、二つ目の原爆が落とされてから満洲に進出して関東軍を破ったと言うが、精兵が引き抜かれたところに雪崩《なだ》れこまれたという感じが強い。たとえば、日本の航空隊が健在であったならば、満洲の広野にソ連は進出できなかったであろう。戦闘機が制空権を持っている平原に、戦車や歩兵が進出できるわけがない。日本がソ連とだけ戦ったと仮定するならば、日本の戦闘機が制空権を確保する公算は確実にあった。零戦を破りうる戦闘機を開発し、それを大量生産して雲霞《うんか》の如く戦場に送ってよこせるのは、アメリカだけだったのである。

（注1）**バトル・オブ・ブリテン**　第二次世界大戦において、イギリスの制空権をめぐりドイツとイギリスの間で行なわれた激しい戦い。一九四〇年（昭和十五）七月十日、イギリス本土空襲を狙うドイツ空軍機と、これを迎撃したイギリス軍戦闘機スピットファイアとの空中戦に始まる。戦闘はおよそ三カ月続き、ロンドン大空襲をはじめイギリス本土も被害を受けたが、ドイツ軍もついに制空権を奪うことはできなかった。

命運を分けたミッドウェー海戦

戦争の分水嶺《ぶんすいれい》がミッドウェー海戦（昭和十七年＝一九四二年六月五日～七日）にあったことは、時間を隔《へだ》てて見ればますます明らかになる。

ハーマン・ウォーク（注１）の仮定によれば、もしミッドウェーの海戦に日本が勝てば、直ちにアメリカ西海岸の守備が緊急の問題になる。そこに米軍が貼りつけられることになれば、ヨーロッパにおいてヒトラーの制覇が成功したであろう。ヨーロッパがヒトラーに制圧されれば、アメリカは日本やドイツと講和せざるをえなかったであろう、という筋がはっきり出てくるのである。

日本はミッドウェー海戦において、四隻の主力空母と、ハワイ真珠湾攻撃・マレー沖海戦以来のヴェテラン飛行士を失った。日本海軍は対米戦の準備を長期間していたわけではなかったから、熟練した飛行士がそれほどいなかったのである。毎年、数十人しか新たに養成していなかったのであり、彼らは飛行技術のエリート中のエリートとして育てあげられていた。そしてまた、シナ大陸で弱敵を相手に十分腕を磨く機会を持った貴重な人材であった。

その多くがミッドウェーで戦死すると、補充が十分につかなかった。日本には当時、自動車が普及していなかったから、エンジンのついた機械に慣れた人間が、そもそも少なかった。どうしても飲み込みの早い青年を集めなければならない。そういう青年は学生であるが、日本の学生には近視が多かった。少し学生を訓練すれば、いくらでも飛行士が作れたアメリカとの人的資源の差も大きかったのである。しかも工業力の差は、さらに大きかった。

あとでわかったことだが、ちょうどこのミッドウェー海戦と関連して行なわれたアリューシャン列島作戦(キスカ、アッツ両島占領)の時に、日本にとって思わざる不幸が起こっていた。

それは、零戦の飛行士が空中戦で撃たれて墜落死したが、飛行機そのものはほとんど無傷で陸地に着陸したのである。これがアメリカ側の手に入って徹底的に研究されることになった。零戦の神秘が明らかになったのである。

それまでの零戦は、まったく神秘とも言える活躍をしていた。広大なシナ大陸から敵機の影をなくしたのも零戦だった。それ以前は、シナ大陸にはアメリカ製、ソ連製の飛行機がいて、なかなか手強《てごわ》かったのである。

ところが、昭和十五年(一九四〇)の夏頃に、約三十機の零戦がシナ大陸に登場してからほぼ一年以内に、敵の飛行機を撃墜・撃破すること実に二百六十機、わが方の損害はたった二機。しかも地上砲火による犠牲であって、撃墜されたものはゼロである。これだけ撃墜されると敵には飛行機もなくなるが、それはまた援助してもらえるとしても、何より飛行士がいなくなったのである。

日本軍が敗戦の時まであれほど広大なシナ大陸を保持できたのは、この零戦の活躍によるところが大きい。

フィリピンのアメリカ航空勢力を一掃した時も、零戦は台湾の基地から飛び立って行った。当時、それほど航続力のある戦闘機はアメリカ軍には想像できなかったので、てっきり航空母艦から飛び立ったのだと思い込んで対応していた。マッカーサー元帥《げんすい》は戦後に至るも、フィリピンを攻撃した零戦は航空母艦から発進したに違いない、と思い込んでいたという。

悲劇のミッドウェー海戦の時も、零戦の活躍はまさに鬼神《きしん》の如きものであった。ミッドウェー島に出かけた三十六機の零戦は、上空で待ち受けていたアメリカの戦闘機、約五十機を叩き落として完全に制空権を握り、また、わが機動部隊を襲った敵機も、すべて艦上砲火と零戦に落とされたし、さらに敵空母から襲ってきた雷撃機、約七十機もほとんどすべて撃墜して、わが方の零戦は何と一機も失われなかった。

ミッドウェーの悲劇は、その直後に雲を利用してやってきた敵空母の艦上爆撃機が行なった急降下爆撃によるものである。航空母艦の上に護衛の戦闘機を一機も配置しなかったのは、油断というものであったろう。

ハーマン・ウォークの大著『戦争と追憶』では、その主人公の一人がこの急降下爆撃隊に加わっていたことになっている。ウォークは、この一撃によって第二次世界大戦の勝敗が決まったという立場から、零戦に撃ち落とされることがわかっているのに、ただひたすら囮《おとり》として突っ込んでいったアメリカ雷撃機隊員に同情し、その全員の氏名と出身地を小説のなかに並べている。アメリカ雷撃機隊は一機の日本機も落とさず、一隻の日本の船をも沈めなかったが、彼らのおかげで、その後の急降下爆撃が成功したのだと考えてのことであった。

（注1）**ハーマン・ウォーク**（一九一五〜）アメリカの小説家。日本軍の真珠湾攻撃後、志願して海軍に入隊。太平洋で日本軍と戦い、沖縄戦にも参加した。主な作品に『ケイン号の叛乱』『戦争の嵐』『War and Remembrance（戦争と追憶）』などがある。

神通力を失った零戦

まことに太平洋の戦争は、飛行機の軍艦に対する優位を余すことなく証明した戦争であった。

ハワイ真珠湾攻撃、マレー沖海戦、さらにインド洋作戦などで、それを疑う余地なく証明してみせたのは日本だったのに、その教訓をよりよく学んだのはアメリカ側だった。

アメリカは、空母を主体とした機動部隊の価値を日本に教えられた形で認識したのであるが、ひとたび、その認識に至るや、卓越した工業力を動員して飛行機を造り出したのに、日本はこれというリーダーがいなかったために、零戦が圧倒的優位を占めるうちに次期戦闘機開発に全力を尽くすどころか、なけなしの資材を陸海軍で奪い合うことのほうに熱心であった。

完全な零戦を手に入れたアメリカは、それに有利に対抗できる新鋭機を続々と開発して、しかも大量に戦場に投入してきた。零戦の二倍もの馬力の戦闘機がソロモン戦線に現れたが、総合的な戦闘力ではまだ零戦優位がしばらく続いた。だが、昭和十八年（一九四三）になると、アメリカの新鋭戦闘機グラマン・ヘルキャットが登場してきた。一対一ではともかく、相手は雲霞《うんか》のごとき大群なのである。搭乗員も戦闘機も補充が十分でなかった。日本の国力は、明らかにこの面で底をついてきたのである。

もっと早く紫電改《しでんかい》（注1）の大量生産があれば、戦局はしばらく不利になることなく経過したかもしれないが、敗戦へ向かうのは時間の問題であったろう。やはり、ミッドウェーをもって勝機は去ったと言うべきである。

ひとたび零戦の優越性が失われると、日本はよいところなしに敗け続けに敗けて、敗戦に至ることになった。第一次世界大戦までは、制海権を握ることが肝要であったが、第二次世界大戦は制空権が死命を制した。そして、制空権とは戦闘機が勝つことなのである。

戦闘機は小さく、吹けば飛ぶようなものである。しかしこれが勝ってくれないと、爆撃機も雷撃機も使えない。海上の船も動けなくなり、補給もできなくなり、海戦にも必敗する。陸軍も補給がなければ、掠奪《りゃくだつ》に走るか餓死するかである。

要するに、太平洋の戦争は戦闘機で勝負がついた。戦闘機が勝てなくなると、山本五《やまもとい》十六《そろく》大将も戦死するし、その後継者の古賀峯一《こがみねいち》大将も亡くなる。

昭和十九年（一九四四）の二月に、アメリカ機動部隊がトラック島（第一次世界大戦後は日本の委任統治領になっていた）を襲った時は、日本は二百七十機の飛行機と四十七隻の艦船を失っている。この数字は、日本の戦闘機の性能も、飛行操縦者の熟練度も、昔の如くでなくなっていることを雄弁に示している。そして制空権がないところでは、船は情けないほど簡単に沈められてしまうことも示している。

これより四カ月後の昭和十九年（一九四四）六月十九日にはマリアナ沖海戦があるが、もうこの時は、日本側が一方的にやられるだけになっている。水上勢力はそんなに違うわけではないが、艦載機《かんさいき》の比率はアメリカ側が約二倍である（四百三十九機対九百二機）。

これが開戦当初だったら零戦の圧倒的な勝ちとなり、したがってアメリカ海軍も致命的な打撃を受けたであろう。しかしこの頃になると、アメリカの戦闘機は零戦に劣らず、しかも日本の飛行士は熟練度が低かった。加えるに、アメリカには優れた電波探知機が現れ、新型の対空用砲弾が開発されていた。

このため、日本の艦載機は実に九〇パーセントに及ぶ三百九十五機を失ったのに対し、アメリカ側は約一二パーセントの百十七機を失ったにすぎない。どんな戦いでも、九〇パーセントの兵力を失うというのは只事《ただごと》でない。日本は九隻の空母が参加して三隻が沈没、四隻が破損したのに対し、アメリカは十五隻の空母（うち七隻は軽空母）が参加し、沈んだのは一隻もなく、破損したのも二隻である。これはもはや、戦争というより一方的な殺戮《さつりく》に近い。この海戦を、アメリカでは「マリアナの七面鳥撃ち」と称した。あの恐ろしい零戦は、もういないのである。否、七面鳥なみになったのだ。

（注1）**紫電改**　「遅すぎた零戦の後継機」として知られる日本海軍最後の戦闘機。川西航空機（現新明和工業）が開発した局地戦闘機（陸上基地用の迎撃機《げいげきき》）「紫電」の改良型で、正式名称は紫電二一型。戦争末期の昭和二十年（一九四五）七月、広島県呉《くれ》軍港を襲った米軍機十六機を撃墜した。最大時速は約六百キロ。空戦性能にも優れ、本土防空に力を発揮したが、わずか四百機ほどが生産されただけで終戦を迎えた。

日本軍に生まれた〝必死隊〟という概念

制空権がなければ制海権もなく、したがってサイパン島では日本軍は玉砕《ぎょくさい》し、民間人も多く自決した（昭和十九年＝一九四四年七月七日）。それまでも玉砕はあったが、民間人は初めてである。

サイパンからは、アメリカの大型爆撃機の行動範囲に東京が入る。まともなリーダーシップがある国ならば降伏するところだが、当時の日本にはできない話であった。東條《とうじょう》内閣が辞職しただけである（同年七月十八日）。この時、アメリカ軍は、そのまま日本本土に向かって攻撃しようという案があったという。昭和十九年の夏頃は、硫黄島《いおうとう》もまだ防衛がなされておらず、日本本土防衛の準備はほとんどなかったわけだから、戦争は簡単に片がついたかもしれない。

しかし、それまでの日本軍の強さから、アメリカが日本軍を買いかぶっていたこととと、フィリピンを奪回するというマッカーサーの意向が強かったため、次の戦場はフィリピンになった。

フィリピンの米軍総司令官であったマッカーサーは、「アイ・シャル・リターン」（私は必ず戻ってくるぞ）と言い残して、昭和十七年（一九四二）五月、マニラ湾のコレヒドール要塞から脱出したのであった。そのマッカーサーの約束を果たすためにフィリピンは戦場になったと言ってもよい。これは戦略的に無駄な戦場であったと言えよう。このため、マニラも戦場となり――マニラをオープン・シティ（非武装地帯）にせず、首都攻防戦をやったのは日本軍の罪である――フィリピン人にも犠牲が出、日本軍の多くも死んだ。

この時のレイテ湾での戦闘以来、神風特攻隊《かみかぜとっこうたい》が出現した。それまでも決死隊というのはあったが、必死隊という概念は日本軍にもなかったものである。しかし、日本軍飛行士の熟練度と、相対的に性能の劣っていた航空機を考えると、必ず敵を斃《たお》すためにはこれしかない、ということであった。

英米の犯罪「一般市民大虐殺」

フィリピンの次は硫黄島だった。

この小さい島は短期間に、不十分な武装と資材で防衛設備がなされた。しかも、地表が全部変形するほど徹底的な艦砲射撃と空爆を受けた。

それにもかかわらず、米軍の被害は玉砕した日本軍の数とあまり変わらなかった。これは、司令官・栗林忠道《くりばやしただみち》中将のリーダーシップと、二百五キロ爆弾を現地で発射できるようにした技術兵の必死の努力の成果によるものである。司令官が有能であれば、絶望的な状況においても奇蹟的な奮闘をし、敵味方を驚かせる成果をあげるものであることを、ここに見る。

陸の孤島の如きビルマのミートキイナや雲南《うんなん》の拉孟《らもう》や、騰越《とうえつ》の守備隊も昭和十九年(一九四四)の九月中旬、まったく救援もなく補給もない状態で数十倍の敵に囲まれつつ、四カ月も戦い続けて玉砕している。これを攻めた蔣介石《しょうかいせき》は、いまやアメリカの補給を受けて優れた装備をした数十倍もの人数の中国軍に対して、これほど徹底的に戦った日本軍に感激し、全軍に対して「あのように戦うべし」という主旨の布告をしている。

また、インパール（注1）の絶望的状況から、一人の負傷兵も捨てずに、しかも戦いつつ引き揚げた宮崎部隊（注2）のように、指揮官の質さえよければ、日本軍は世界最良の戦士であることを示す一例として挙げうるであろう。

サイパンが落ちてから日本への大空襲が始まるが、硫黄島が落ちてからはさらに本格的になった。日本の大都市は東京をはじめとして、ほとんど残らず破壊し尽くされ、焼き尽くされる。これは、カーチス・ルメイ（注3）の戦略爆撃によるものである。これに使われた爆撃機B29は新兵器と言ってもよいほど大型のものであり、戦略爆撃というのも新思想であった。

はじめから軍事目的を限定せず、爆撃の対象が市民であるということは、第二次世界大戦中にイギリスとアメリカが始めたものである。誤爆とか、個々の飛行士のやった民間住宅攻撃は、どちら側にもありうることであったが、意図的に大仕掛《おおじか》けにやったのはイギリスであり、アメリカであったことに間違いはない。ヒトラーも、はじめはロンドン市街地空襲を禁じていたぐらいである。

イギリス空軍は一九四二年（昭和十七）三月に、ドイツのリューベックを二百数十機で空襲して焼き払った。ここには軍事目標がないのにそれを知ったうえで、ドイツ人の戦意を失わせるという目的で、無防備の歴史的文化都市を攻撃したのである（ヒトラーはもちろん報復した）。

ケルンやその他、似た例はいくらもあるが、一九四五年（昭和二十）二月十三日のドレスデンに対するイギリスとアメリカの空軍の空襲は、歴史に残るものであろう。おそらく、世界で最も素晴らしいバロック建築の残っているこの都市を徹底的に爆撃した。イギリスは第一波が二百数十機、第二波が五百数十機で市街地を爆撃し、さらにアメリカの四百五十機のＢ29が、六十五万個といわれる焼夷弾《しょういだん》を落とし、そのうえ戦闘機が機《き》銃掃射《じゅうそうしゃ》をやった。このため、死者は十三万五千人出たという。

やられたのはドイツの町だけではない。イタリアでも、ベネディクト会修道院発生の地であるモンテ・カッシノの修道院が、イギリス空軍のために破壊し尽くされ、なかにいた修道士と避難民数百人が死んだ。

ところが、ここにいたドイツ軍の司令官は、修道院の貴重な文献などの疎開を行ない、しかもドイツ兵には修道院の周辺に近寄ることを許さなかったのである。

ドイツ軍がそこを陣地にするのは廃墟にされてからのことである。どちら側の軍隊が文明的であったかを示す一例である。歴史家アーノルド・トインビーが戦後、ここを訪れた時、自分の国の飛行機が西欧文明の母とも言うべきこの大修道院を破壊し、多くの修道士らを殺したことを知ってショックを受けた、と書き記している。

ユダヤ人大虐殺の思想がヒトラーの発明であるとすれば、一般市民大虐殺の思想はイギリスとアメリカの発明である。それまでの日本人の通念によれば、爆弾自体が貴重なものであり、狙って軍事施設に落とすものだった。民間家屋に落としては価格的にも間《ま》尺《しゃく》に合わないし、第一、絨毯《じゅうたん》爆撃するほど豊富に爆弾はなかったのである。それに、民間人を組織的に殺すという発想は日本人には欠けていた。

日本にもドイツにもプロペラ四つを持つ重爆撃機の開発はなかったが、アメリカとイギリスは初めから開発していた。これは技術力の問題のほかに、都市爆撃の思想の有無と関係があったと思われる。それまで世界の知らなかった生産力をフルに働かせたアメリカと、そこから豊かな援助を受けたイギリスは、空から民間人を大量に、組織的に殺すことを考えつき、それを実行したのである。

昭和二十年（一九四五）三月十日の東京に対する絨毯爆撃に始まって、広島・長崎への原爆投下に至る空襲の思想は、目標は軍事施設でなく一般市民、特に老人と女・子供を主とする日本人を殺し尽くすことであった（健全な男の多くは出征していて、町に残っているのは主として女・子供であるぐらいは分かっていたはずである。ドレスデンに集まっていた人々の多くが、東部からの避難民であることを知っていたように）。

（注1）**インパール** インド北東部の都市。米英ソによる蔣介石国民政府軍に対する軍事援助ルート（援蔣《えんしょう》ルート）遮断《しゃだん》を目的として日本軍はインパール攻略をめざしたが（インパール作戦）、補給線を無視した無謀な作戦により、飢えと疫病《えきびょう》のため日本軍は壊滅的打撃を受けた。日本陸軍瓦解《がかい》の発端といわれる。

（注2）**宮崎部隊** インパール作戦において、宮崎繁三郎《みやざきしげさぶろう》（一八九二〜一九六五）少将率いる第三十一師団は要衝《ようしょう》コヒマ占領に向かったが、援軍と補給が途絶えて孤立し、過酷な状況のなかで見事に撤退を果たした。宮崎少将の勇猛・冷静さ、部下に対する思いやりは称賛の的となった。

（注3）**カーチス・ルメイ**（一九〇六〜一九九〇） 米軍の戦略爆撃の専門家。第二十一爆撃集団司令官時代に東京大空襲をはじめとする日本焦土化《しょうどか》作戦を立案、実行した。

「沖縄決戦」の犠牲

硫黄島の次は沖縄であった。多数の民間人の住むところが近代戦の戦場になるということを、日本人は初めて体験したことになる。沖縄は「県」であり、そこはどうしても救わなければならない場所であった。陸軍は制空権を失った状況の下で、独自の作戦による持久戦を試み、それはうまくいっていたが、現地を知らない大本営の命令のために無理な総攻撃をやって、一挙に防禦力《ぼうぎょりょく》を失った。沖縄の学生や女学生の健気《けなげ》な戦闘参加も伝えられ、本土の学生も「明日はわが身」と考えていた。

何といっても沖縄戦の特徴は、大量の神風特攻隊の出撃にある。そして必死攻撃は日本人の国民性として世界で考えられるようになり、「カミカゼ」という言葉は英語にも入った。

日本側では事の性質上、その効果は知りようがなかったが、アメリカ側が戦後に発表した資料に基づくカミカゼの実態はどのようなものであったろうか。伊藤正徳《いとうまさのり》『大海軍を想う』（文藝春秋〈昭和三十一年〉四九〇～四九四ページ）によると、日本軍が沖縄戦の期間中、基地および戦場で失った飛行機は実に七千八百三十機であり、そのうちカミカゼは約二千八百機である。それによって被害を受けたアメリカ海軍の軍艦は、戦艦十隻、空母九隻、重巡洋艦三隻、軽巡洋艦二隻、駆逐艦百十八隻、その他四十隻の百八十二隻である。そのうち、沈没したのは十三隻であった。

アメリカ機動部隊長官スプルーアンス中将（ミッドウェー海戦の英雄である）はニミッツ長官に打電して、カミカゼによる米海軍の被害は堪《た》えがたいので、全空軍を動員して、九州と台湾にある日本の航空基地を粉砕するように要請した。スプルーアンスの乗っていた旗艦《きかん》にも二回も特攻機が命中し、彼はそのたびに旗艦を変えなければならなかった。四月、五月、六月と、九州の基地はアメリカ機動部隊による猛烈な攻撃を受けた。

だがカミカゼは吹きやまず、沖縄のアメリカ海軍は物質的にも精神的にも打撃を受け、「なお数日、カミカゼの攻撃が衰えない場合は、アメリカ艦隊は一時退却して、再挙の方法を考えるべし」という説に傾いたという。

しかし、その時には日本のほうも飛行機がなくなり、搭乗員も不足し、燃料まで尽きて六月二十二日が最後の攻撃になった。この頃になると、ようやく飛んで体当たりするだけの未熟な技倆《ぎりょう》の搭乗員も多かったと言われる。しかもアメリカ海軍の弾幕《だんまく》のため、目的に到達しないで落とされた者が多かったという。

零戦が初めてシナ大陸に登場した時はまったく無敵であり、搭乗員は十分に飛行機に慣れ、戦闘に慣れる余裕があった。そのヴェテランたちであったからこそ、ソ連のイ―15やイ―16、イギリスのハリケーンやスピットファイア、アメリカのＰ―36、Ｐ―40、バッファロー、ワイルドキャットといった世界的に名の轟《とどろ》いていた戦闘機を、ばたばたと落とすことができたのである。

いまや神風特攻隊員は、空中戦をできるほどの練度をまだ持たない若者たちであったから、いみじくも英語で自殺攻撃《スイサイドアタック》と言われるものになった。そして、特攻攻撃は空中に限らなかった。

水中では魚雷を操縦する「回天《かいてん》」や、「神雷《じんらい》」が、また水上部隊でも、戦艦大和《やまと》を中心として、沖縄に向かった連合艦隊の残存部隊は、帰還用の重油も持たぬ特攻だった（重油は帰還用まで積んだという説も出ているが、信じ難い。大和は沖縄の海岸に乗り上げて艦砲射撃する予定だったという説のほうが正しいだろう）。

カミカゼも戦艦大和も沖縄を救うことはできなかった。しかし、救うために必死の攻撃を繰り返したことはたしかである。日本の最後の戦艦「大和」は、沖縄のために出かけたのであり、沖縄の御楯《みたて》になったのだ。

また、戦禍は本土においても実に酷かったことは、東京をはじめとする大都市無差別爆撃や原爆でも知られよう。沖縄だけが酷い目に遭って、本土は無事だったということはない。一般住民の死傷は沖縄を超えていた。そのことは、沖縄の人たちにも無視してもらいたくないと思う。

本書は、弊社より二〇一〇年三月に発刊された『渡部昇一「日本の歴史」第6巻 昭和篇 **「昭和の大戦」への道**』を、改題・改訂した新版です。

渡部　昇一（わたなべ・しょういち）

上智大学名誉教授。英語学者。文明批評家。1930年、山形県鶴岡市生まれ。上智大学大学院修士課程修了後、独ミュンスター大学、英オクスフォード大学に留学。Dr. phil., Dr. phil. h.c.（英語学）。第24回エッセイストクラブ賞、第1回正論大賞受賞。著書に『英文法史』などの専門書、『文科の時代』『知的生活の方法』『知的余生の方法』『アメリカが畏怖した日本』『取り戻せ、日本を。安倍晋三・私論』『読む年表 日本の歴史』などの話題作やベストセラーが多数ある。2017年4月逝去。

渡部昇一「日本の歴史」第6巻　昭和篇

自衛の戦争だった「昭和の大戦」

2015年10月13日　初版発行
2017年11月3日　第2刷

著　者　渡部　昇一

発行者　鈴木　隆一

発行所　ワック株式会社
東京都千代田区五番町4-5　五番町コスモビル　〒102-0076
電話　03-5226-7622
http://web-wac.co.jp/

印刷製本　図書印刷株式会社

ISBN978-4-89831-727-3

好評既刊

そうか、だから日本は世界で尊敬されているのか！

馬渕睦夫　B-221

外交官として世界の国々を見てきた著者が、世界は日本をどう見ているのかを率直に語る。二十一世紀を切り拓くための〝日本人の知恵〟に、世界が期待している。　本体価格九〇〇円

「反日中韓」を操るのは、じつは同盟国・アメリカだった！

馬渕睦夫　B-207

戦後東アジアレジームとは、中韓を利用した米国の「日本封じ込め」政策に他ならない。米国の「正体」を知らずして歴史の真実は見えてこない！　本体価格九〇〇円

反日をやめたら成り立たない国・韓国

呉　善花・石　平　B-220

戦後七十年を迎え、一層、反日的言動をエスカレートさせる朴槿惠政権。一方、深刻さを増してきた国内経済の低調ぶり。一体、韓国に明日はあるのか?!　本体価格九〇〇円